Impressum
Verlag: BABADADA GmbH, Nedderfeld 112 , 22529 Hamburg
Geschäftsführer / Verlagsleitung: Harald Hof
Druck: Books on Demand GmbH, In de Tarpen 42, 22848 Norderstedt

Imprint
Publisher: BABADADA GmbH, Nedderfeld 112 , 22529 Hamburg, Germany
Managing Director / Publishing direction: Harald Hof
Print: Books on Demand GmbH, In de Tarpen 42, 22848 Norderstedt

koulu
ໂຮງຮຽນ

luokkahuone
ຫ້ອງຮຽນ

jakaa
ຫານ

186/2

taulu
ກະດານ

koulunpiha
ເດີ່ນໂຮງຮຽນ

opettaja
ຄູສອນ

paperi
ເຈ້ຍ

kirjoittaa
ຂຽນ

kynä
ປາກກາ

kirjoituspöytä
ໂຕະເຮັດວຽກ

viivoitin
ໄມ້ບັນທັດ

kirja
ໜັງສື

oppilas
ນັກຮຽນ

reppu

ກະເປົາໃສ່ປຶ້ມທີ່ມີສາຍພາຍ

penaali

ກັບສໍດຳ

lyijykynä

ສໍດຳ

kynänteroitin

ເຄື່ອງແຫຼມສໍ

pyyhekumi

ຍາງລຶບ

piirustuslehtiö

ສະໝຸດແຕ້ມຮູບ

piirustus

ພາບວາດ

pensseli

ແປງທາສີ

vesivärit

ກ່ອງສີ

sakset

ມິດຕັດ

liima

ກາວ

harjoituskirja

ປຶ້ມເຜິກຫັດ

kotitehtävä

ວຽກບ້ານ

luku

ຕົວເລກ

lisätä

ບວກ

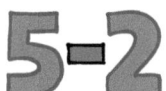

vähentää

ລົບ

kertoa

ຄູນ

laskea

ຄິດໄລ່

kirjain

ຕົວອັກສອນ

aakkoset

ພະຍັນຊະນະ

sana

ຄຳສັບ

teksti
ຂໍ້ຄວາມ

lukea
ອ່ານ

liitu
ສໍຂາວ

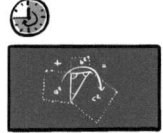

oppitunti
ບົດຮຽນ

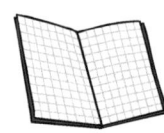

opettajan muistikirja
ລົງທະບຽນ

koe
ການສອບເສັງ

todistus
ໃບຢັ້ງຢືນ

koulupuku
ຊຸດນັກຮຽນ

koulutus
ການສຶກສາ

sanakirja
ປຶ້ມຮວບຮວມຄວາມຮູ້ສາລະພັດ

yliopisto
ມະຫາວິທະຍາໄລ

mikroskooppi
ກ້ອງຈຸລະທັດ

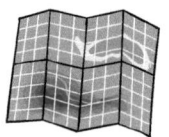

kartta
ແຜນທີ່

roskakori
ກະຕ່າໃສ່ເສດເຈ້ຍ

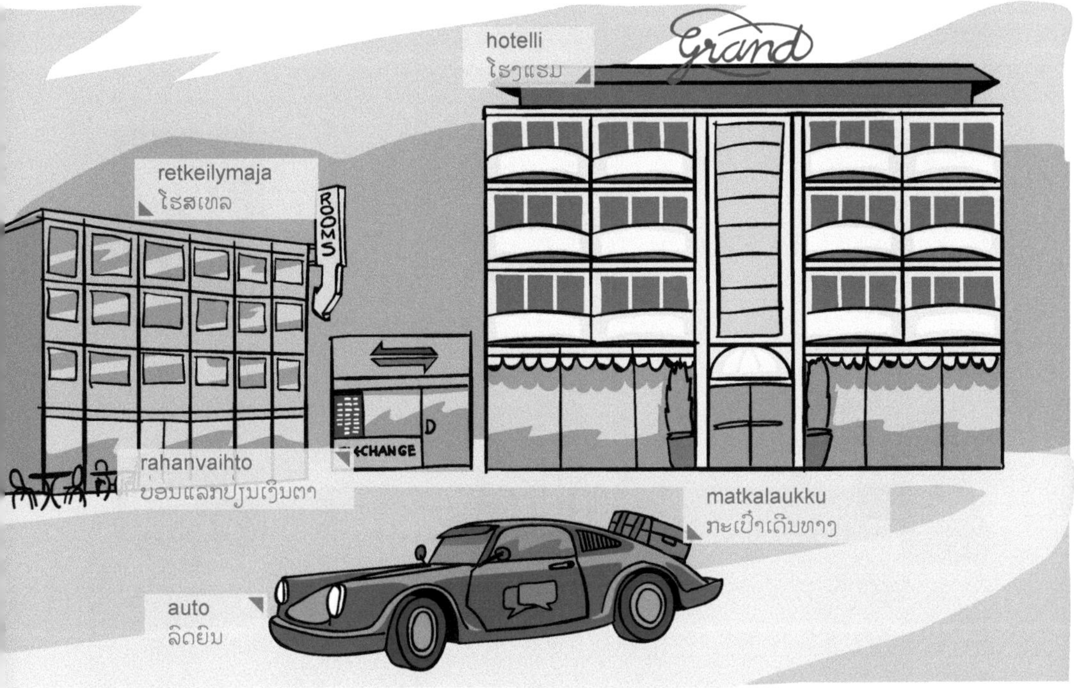
hotelli
ໂຮງແຮມ
Grand
retkeilymaja
ໂຮສເທລ
ROOMS
rahanvaihto
ບ່ອນແລກປ່ຽນເງິນຕາ
matkalaukku
ກະເປົ໋າເດີນທາງ
auto
ລົດຍົນ

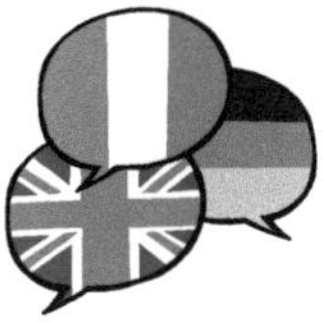

kieli

ພາສາ

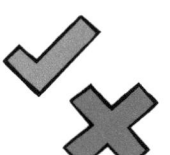

kyllä / ei

ແມ່ນ / ບໍ່ແມ່ນ

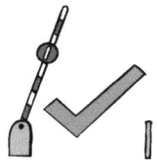

selvä

ຕົກລົງ

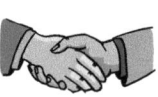

hei

ສະບາຍດີ

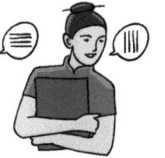

tulkki

ນັກແປພາສາ

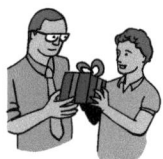

kiitos

ຂອບໃຈ

Paljonko...maksaa?

ລາຄາເທົ່າໃດ...?

en ymmärrä

ຂ້ອຍບໍ່ເຂົ້າໃຈ

ongelma

ບັນຫາ

Hyvää iltaa!

ສະບາຍດີຕອນແລງ!

Hyvää huomenta!

ສະບາຍດີຕອນເຊົ້າ!

Hyvää yötä!

ລາຕິສະທວັດ

näkemiin

ລາກ່ອນ

suunta

ທິດທາງ

matkatavarat

ກະເປົ໋າເດິນທາງ

laukku

ກະເປົ໋າ

reppu

ກະເປົ໋າພາຍຫຼັງ

vieras

ແຂກ

huone

ຫ້ອງ

makuupussi

ຖົງໃສ່ເຄື່ອງນອນ

teltta

ເຕັ້ນ

turisti-info

ຂໍ້ມູນນັກທ່ອງທ່ຽວ

ranta

ຊາຍຫາດ

luottokortti

ບິດເຄຣດິດ

aamupala

ອາຫານເຊົ້າ

lounas

ອາຫານທ່ຽງ

päivällinen

ອາຫານແລງ

matkalippu

ປີ້

hissi

ລິຟ

postimerkki

ສະແຕມ

raja

ພົມແດນ

tulli

ພາສີ

suurlähetystö

ສະຖານທູດ

viisumi

ວິຊາ

passi

ໜັງສືຜ່ານແດນ

kuljetus
ຂົນສົງ

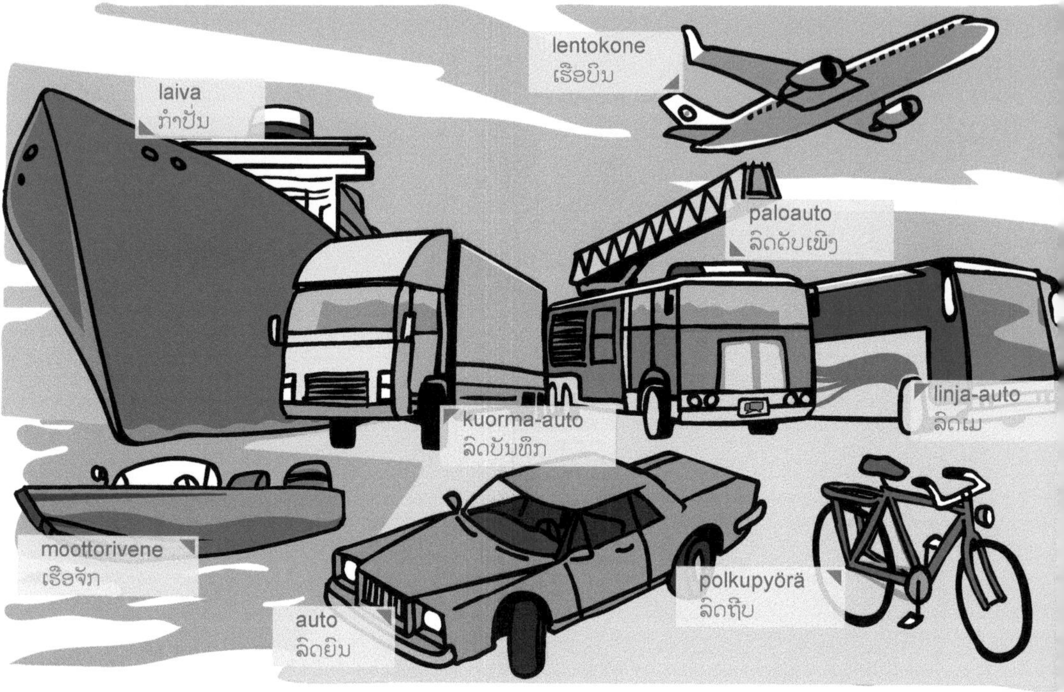

lentokone
ເຮືອບິນ
laiva
ກຳປັ່ນ
paloauto
ລົດດັບເພີງ
linja-auto
ລົດເມ
kuorma-auto
ລົດບັນທຶກ
moottorivene
ເຮືອຈັກ
polkupyörä
ລົດຖີບ
auto
ລົດຍົນ

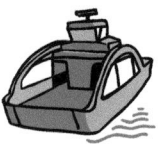

lautta

ເຮືອຂ້າມຟາກ

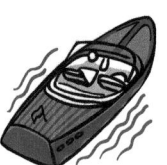

vene

ເຮືອ

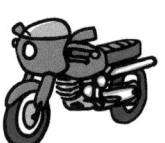

moottoripyörä

ລົດຈັກ

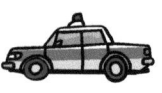

poliisiauto

ລົດຕຳຫຼວດ

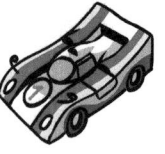

kilpa-auto

ລົດແຂ່ງ

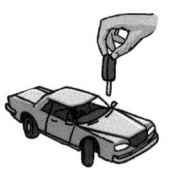

vuokra-auto

ລົດເຊົ່າ

car sharing

ການແບ່ງປັນກັນໃຊ້ລົດ

hinausauto

ລົດລາກ

roska-auto

ລົດຂົນຂີ້ເຫຍື້ອ

moottori

ເຄື່ອງຍົນ

polttoaine

ເຊື້ອໄຟ

huoltoasema

ປ້ຳນ້ຳມັນ

liikennemerkki

ປ້າຍຈາລະຈອນ

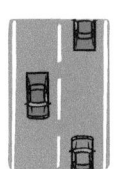

liikenne

ການຈາລະຈອນ

ruuhka

ການຈາລະຈອນຕິດຂັດ

parkkipaikka

ບ່ອນຈອດລົດ

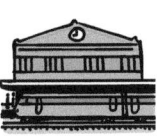

rautatieasema

ສະຖານີລົດໄຟ

raiteet

ລາງລົດໄຟ

juna

ລົດໄຟ

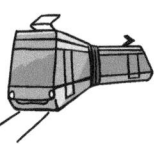

raitiovaunu

ລົດລາງ

vaunu

ຕູ້ລົດໄຟ

helikopteri

ເຮລິຄອບເຕີ

lentokenttä

ສະໜາມບິນ

lähilennonjohto

ທ່າຄອຍ

matkustaja

ຜູ້ໂດຍສານ

kontti

ຕູ້ບັນຈຸສິນຄ້າ

pahvilaatikko

ກ່ອງເຈ້ຍ

kärryt

ກວຽນ

kori

ກະຕ່າ

nousta / laskea

ເຮືອບິນຂຶ້ນ / ເຮືອບິນລົງຈອດ

kaupunki
ເມືອງ

kylä

ບ້ານ

keskusta

ໃຈກາງເມືອງ

talo

ເຮືອນ

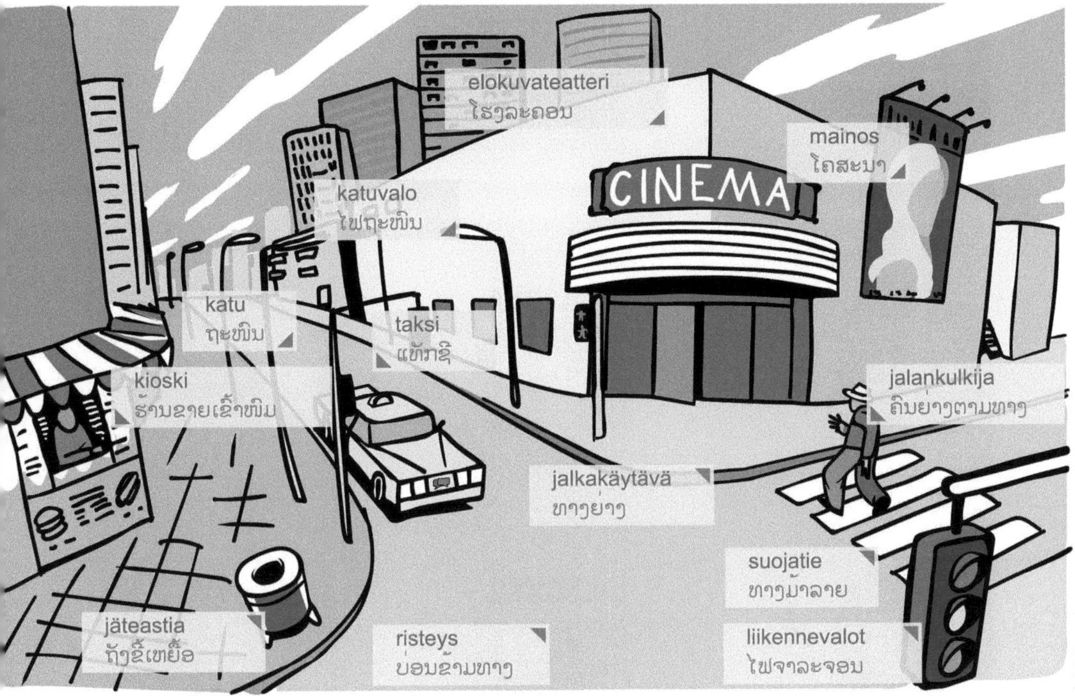

elokuvateatteri
ໂຮງລະຄອນ

mainos
ໂຄສະນາ

katuvalo
ໄຟຖະໜົນ

CINEMA

katu
ຖະໜົນ

taksi
ແທັກຊີ

jalankulkija
ຄົນຍ່າງຕາມທາງ

kioski
ຮ້ານຂາຍເຂົ້າໜົມ

jalkakäytävä
ທາງຍ່າງ

suojatie
ທາງມ້າລາຍ

jäteastia
ຖັງຂີ້ເຫຍື້ອ

risteys
ບ່ອນຂ້າມທາງ

liikennevalot
ໄຟຈາລະຈອນ

mökki

ຕູບ

kerrostalo

ແຟລດ

rautatieasema

ສະຖານີລົດໄຟ

kaupungintalo

ໂຮງການເມືອງ

museo

ຫໍພິພິດຕະພັນ

koulu

ໂຮງຮຽນ

yliopisto

ມະຫາວິທະຍາໄລ

pankki

ທະນາຄານ

sairaala

ໂຮງໝໍ

hotelli

ໂຮງແຮມ

apteekki

ຮ້ານຂາຍຢາ

toimisto

ຫ້ອງການ

kirjakauppa

ຮ້ານຂາຍຫັງສື

liike

ຮ້ານຄ້າ

kukkakauppa

ຮ້ານຂາຍດອກໄມ້

supermarketti

ຊຸບເປີມາກເກັດ

tori

ຕະຫຼາດ

tavaratalo

ຫ້າງສັບພະສິນຄ້າ

kalakauppias

ຮ້ານຂາຍປາ

ostoskeskus

ສູນການຄ້າ

satama

ທ່າເຮືອ

puisto

ສວນສາທາລະນະ

penkki

ແປ້ນມ້າ

silta

ຂົວ

portaat

ຂັ້ນໃດ

metro

ລົດໄຟໃຕ້ດິນ

tunneli

ອຸໂມງ

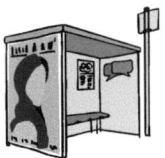

linja-autopysäkki

ປ້າຍລົດເມ

baari

ຮ້ານຂາຍເຫຼົ້າ

ravintola

ຮ້ານອາຫານ

postilaatikko

ຕູ້ໄປສະນີ

katukyltti

ປ້າຍຊື່ຖະໜົນ

parkkimittari

ມິເຕີເກັບຄ່າຈອດລົດ

eläintarha

ສວນສັດ

uimala

ສະລອຍນ້ຳ

moskeija

ວັດມຸດສະລິມ

maatila

ຟາມ

ympäristön saastuminen

ມົນລະພິດ

hautausmaa

ສຸສານ

kirkko

ໂບດ

leikkikenttä

ເດິ່ນຫຼິ້ນຂອງເດັກນ້ອຍ

temppeli

ວັດມຸດສະລິມ

maisema
ພູມີປະເທດ

lehti
ໃບໄມ້

tienviitta
ປ້າຍບອກທາງ

tie
ທາງ

niitty
ທົ່ງຫຍ້າ

kivi
ກ້ອນຫິນ

puu
ຕົ້ນໄມ້

retkeilijä
ນັກເດີນທາງໄກດ້ວຍການຍ່າງ

joki
ແມ່ນ້ຳ

ruoho
ຫຍ້າ

kukka
ດອກໄມ້

laakso

ຮ່ອມພູ

vuori

ເນີນເຂົາ

järvi

ທະເລສາບ

metsä

ປ່າ

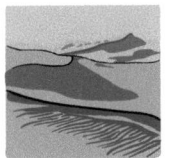

aavikko

ທະເລຊາຍ

tulivuori

ພູເຂົາໄຟ

linna

ຫໍປະສາດ

sateenkaari

ຮຸ້ງກິນນ້ຳ

sieni

ເຫັດ

palmu

ຕົ້ນປາມ

hyttynen

ຍຸງ

kärpänen

ແມງວັນ

muurahainen

ມົດ

mehiläinen

ເຜິ້ງ

hämähäkki

ແມງມຸມ

kovakuoriainen

ແມງປັກແຂງ

sammakko

ກົບ

orava

ກະຮອກ

siili

ເໝັ້ນ

jänis

ກະຕ່າຍປ່າ

pöllö

ນົກເຄົ້າ

lintu

ນົກ

joutsen

ຫ່ງ

villisika

ໝູປ່າຕົວຜູ້

peura

ກວາງ

hirvi

ກວາງໃຫຍ່

pato

ເຊື່ອນ

tuulimylly

ໝາກາປັ່ນ

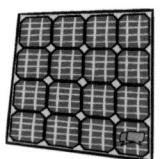

aurinkopaneeli

ແຜງໂຊລາເຊລ

ilmasto

ສະພາບອາກາດ

ravintola

ຮານອາຫານ

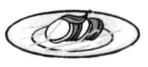

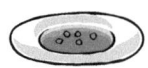

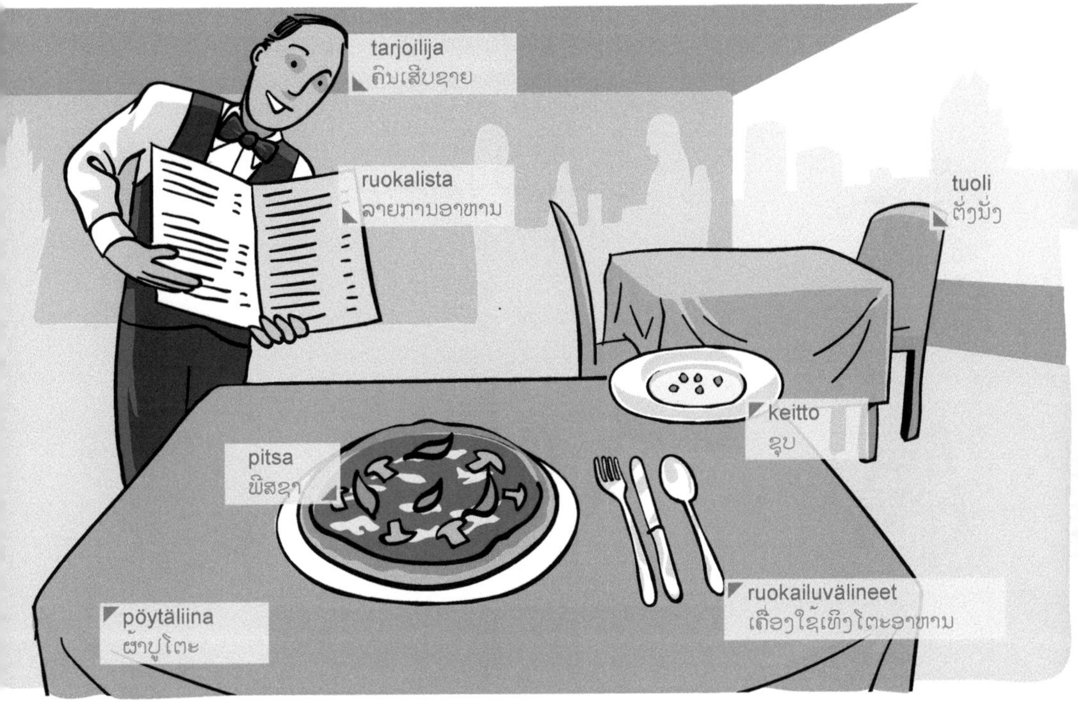
tarjoilija
ຄົນເສີບຊາຍ
ruokalista
ລາຍການອາຫານ
tuoli
ຕັ່ງນັ່ງ
keitto
ຊຸບ
pitsa
ພິສຊາ
ruokailuvälineet
ເຄື່ອງໃຊ້ເທິງໂຕະອາຫານ
pöytäliina
ຜ້າປູໂຕະ

alkuruoka

ອາຫານເລີ່ມຕົ້ນ

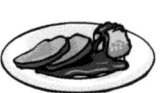

pääruoka

ອາຫານຈານຫຼັກ

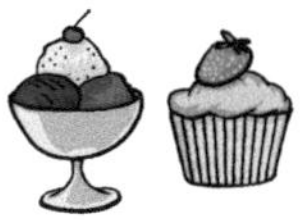

jälkiruoka

ຂອງຫວານ

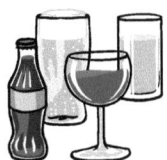

juomat

ເຄື່ອງດື່ມ

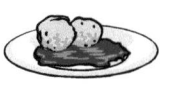

ruoka

ອາຫານ

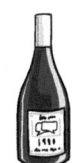

pullo

ຂວດແກ້ວ

pikaruoka

ອາຫານຈານດ່ວນ

katuruoka

ຮ້ານຂ້າງທາງ

teekannu

ເຕົ້ານ້ຳຊາ

sokeriastia

ຖ້ວຍນ້ຳຕານ

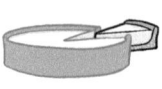

annos

ສ່ວນແບ່ງອາຫານສຳລັບໜຶ່ງຄົນ

espressokeitin

ເຄື່ອງຊົງກາເຟເອສເປຣສໂຊ

syöttötuoli

ເກົ້າອີ້ສູງ

lasku

ໃບເກັບເງິນ

tarjotin

ຖາດ

veitsi

ມີດ

haarukka

ສ້ອມ

lusikka

ບ່ວງ

teelusikka

ຊ້ອນຊາ

servietti

ຜ້າເຊັດປາກຢູ່ໂຕະອາຫານ

lasi

ຈອກແກ້ວ

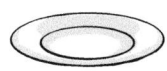

lautanen

ຈານ

syvä lautanen

ຈານຊຸບ

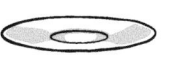

aluslautanen

ຈານຮອງ

kastike

ຊອສ

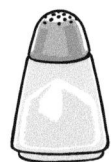

suolasirotin

ກະປຸກເກືອ

pippurimylly

ກະປຸກພິກໄທ

etikka

ນ້ຳສົ້ມສາຍຊູ

öljy

ນ້ຳມັນພືດ

mausteet

ເຄື່ອງເທດ

ketsuppi

ຊອສໝາກເດັ່ນ

sinappi

ຜັກຈ້ຳພວກຜັກກາດ

majoneesi

ມາຍອນເນສ

supermarketti
ຊູບເປີມາກເກັດ

tarjous
ຂໍ້ສະເໜີພິເສດ
asiakas
ລູກຄ້າ
FOR
maitotuotteet
ຜະລິດຕະພັນທີ່ເຮັດຈາກນົມ
hedelmät
ໝາກໄມ້
ostoskärryt
ລົດຊຸກ

BUTCHERS

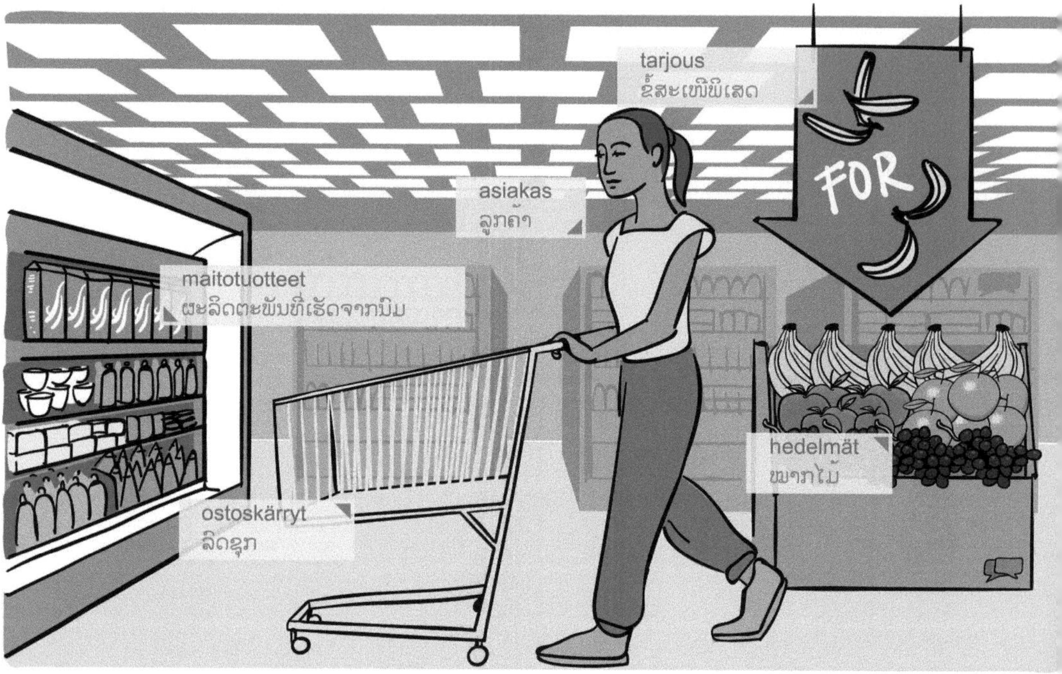

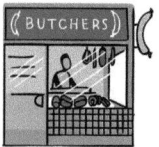

teurastamo

ຮ້ານຂາຍຊີ້ນ

BAKERY

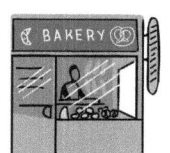

leipomo

ຮ້ານຂາຍເຂົ້າໜົມປັງ

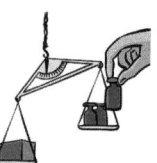

punnita

ຊັ່ງນ້ຳໜັກ

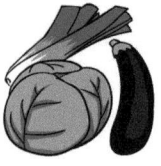

kasvikset

ຜັກ

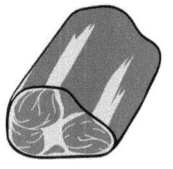

liha

ຊີ້ນ

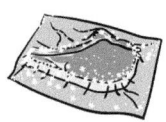

pakasteet

ອາຫານແຊ່ແຂງ

leikkele
ຊີ້ນເຢັນ

säilykkeet
ອາຫານກະປ໋ອງ

pesujauhe
ແຜ່ນຊັກເຄື່ອງ

makeiset
ເຂົ້າໜົມຫວານ

kotitaloustarvikkeet
ຜະລິດຕະພັນໃຊ້ຄົວເຮືອນ

puhdistusaineet
ຜະລິດຕະພັນທຳຄວາມສະອາດ

myyjä
ພະນັກງານຂາຍຍ່ອຍ

kassa
ເຄື່ອງຄິດເງິນ

kassanhoitaja
ພະນັກງານເກັບສິດ

ostoslista
ລາຍການຊື້ເຄື່ອງ

aukioloajat
ເວລາເປີດເຮັດວຽກ

lompakko
ກະເປົ໋າເງິນ

luottokortti
ບັດເຄຣດິດ

kassi
ຖົງ

muovipussi
ຖົງຢາງ

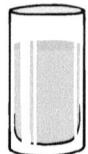

vesi

ນ້ຳ

mehu

ນ້ຳໝາກໄມ້

maito

ນົມ

kokis

ໄຄກ

viini

ວາຍ

olut

ເບຍ

alkoholi

ເຫຼົ້າ

kaakao

ໂກໂກ້

tee

ຊາ

kahvi

ກາເຟ

espresso

ເອສເປຣສໂຊ

cappuccino

ຄາປູຊີໂນ

banaani

ໝາກກ້ວຍ

omena

ແອັບເປິ້ມ

appelsiini

ໝາກກ້ຽງ

meloni

ໝາກໂມ

sitruuna

ໝາກນາວ

porkkana

ຫົວກະຮິດ

valkosipuli

ຜັກທຽມ

bambu

ໜໍ່ໄມ້

sipuli

ຫອມບົ່ວ

sieni

ເຫັດ

pähkinät

ຖົ່ວ

spagetti

ເສັ້ນໝີ່

spagetti

ສະປາແກັດຕີ້

riisi

ເຂົ້າ

salaatti

ສະຫຼັດ

ranskalaiset

ມັນຝຣັ່ງທອດ

paistetut perunat

ມັນຝຣັ່ງທອດ

pitsa

ພິສຊາ

hampurilainen

ແຮມເບີເກີ້

voileipä

ແຊນວິດຈ໌

leike

ຊີ້ນຕິດກະດູກ

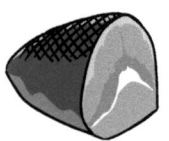

kinkku

ແຮມ

salami

ໄສ້ກອກແຂ້ງຊາລາມິ

makkara

ໄສ້ກອກ

kana

ໄກ່

paisti

ຍ້າງ

kala

ປາ

ruoka - ອາຫານ

kaurahiutaleet

ເຂົ້າປູກເຂົ້າໂອດ

mysli

ອາຫານຊະນິດເປັນເມັດກອບ

murot

ເຂົ້າຢຽບເປັນປ່ຽງນ້ອຍໆ

jauho

ເຂົ້າແປ້ງ

voisarvi

ເຂົ້າຈີ່ຊະນິດໜຶ່ງມີຮູບເຄິ່ງເຄິ່ງທວຍ

sämpylä

ເຂົ້າໜົມປັງແບບມ້ອນ

leipä

ເຂົ້າໜົມປັງ

paahtoleipä

ເຂົ້າໜົມປັງປິ້ງ

keksit

ເຂົ້າໜົມປັງຊະນິດກ້ອນມ້ອຍ

voi

ເມີຍ

rahka

ນົມມິນແຂ້ນ

kakku

ເຄກ

kananmuna

ໄຂ່

paistettu kananmuna

ໄຂ່ດາວ

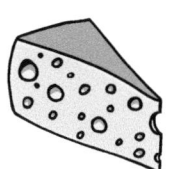

juusto

ເມີຍແຂງ

jäätelö

ກະແລ້ມ

sokeri

ນ້ຳຕານ

hunaja

ນ້ຳເຜິ້ງ

hillo

ແຍມ

suklaapähkinälevite

ຊ້ອກໂກແລັດຄຣິມສະເປຣດ

curry

ກະລີ່

maatila

ຟາມ

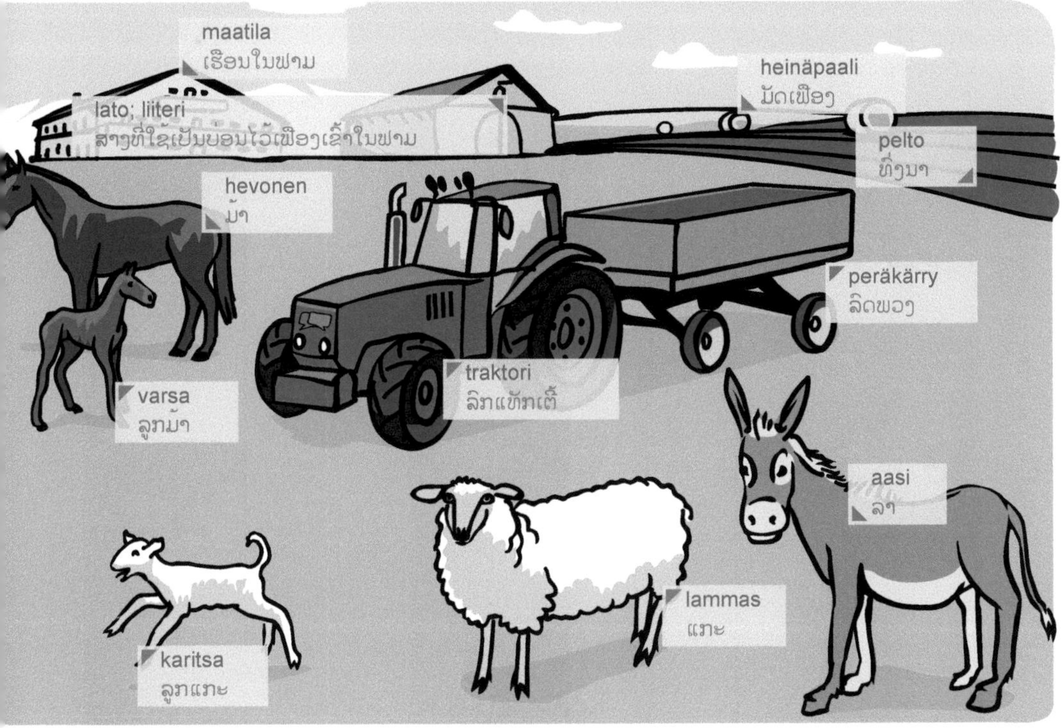

maatila
ເຮືອນໃນຟາມ
heinäpaali
ມັດເຟືອງ
lato; liiteri
ສາງທີ່ໃຊ້ເປັນບ່ອນໄວ້ເຟືອງເຂົ້າໃນຟາມ
pelto
ທົ່ງນາ
hevonen
ມ້າ
peräkärry
ລົດພວງ
traktori
ລົດແທັກເຕີ້
varsa
ລູກມ້າ
aasi
ລາ
lammas
ແກະ
karitsa
ລູກແກະ

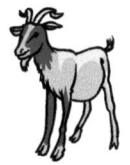

vuohi

ແກະ

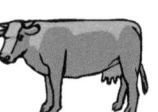

lehmä

ງົວຕົວແມ່

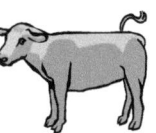

vasikka

ລູກງົວ

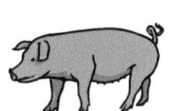

sika

ໝູ

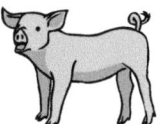

porsas

ລູກໝູ

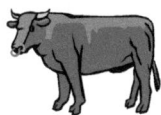

sonni

ງົວຕົວຜູ້

hanhi

ຫ່ານ

ankka

ເປັດ

tipu

ລູກໄກ່

kana

ແມ່ໄກ່

kukko

ໄກ່ຜູ້

rotta

ຫນູ

kissa

ແມວ

hiiri

ຫນູ

härkä

ງົວຕົວຜູ້

koira

ຫມາ

koirankoppi

ຄອກຫມາ

puutarhaletku

ສາຍທໍ່ຍາງທີ່ໃຊ້ໃນສວນ

kastelukannu

ຖົງຫົດຕົ້ນໄມ້

viikate

ກ່ຽວດ້າມຍາວ

aura

ຄັນໄຖ

sirppi

ກ່ຽວ

kuokka

ຈົກ

talikko

ຄາດ

kirves

ຂວານ

kottikärryt

ລົດຍູ້ລໍ້ດຽວ

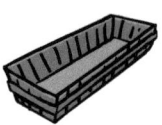

kaukalo

ຫາງລົມ

maitokannu

ປ່ອງນົມ

säkki

ກະສອບ

aita

ຮົ້ວ

talli

ຄອກມ້າ

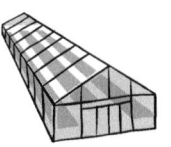

kasvihuone

ເຮືອນກະຈົກ

maa

ດິນ

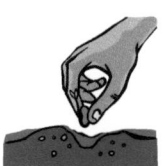

siemen

ແກ່ນ

lannoite

ປຸ໋ຍ

leikkuupuimuri

ເຄື່ອງກ່ຽວເຂົ້າ

kerätä sato
ເກັບກ່ຽວ

sato
ການເກັບກ່ຽວ

jamssit
ເຜືອກ

vehnä
ເຂົ້າສາລີ

soija
ຖົ່ວເຫຼືອງ

peruna
ມັນຝຣັ່ງ

maissi
ເຂົ້າໂພດ

rypsi
ດອກເຣພຊີດ

hedelmäpuu
ຕົ້ນໄມ້ທີ່ອອກໝາກ

maniokki
ມັນຕົ້ນ

vilja
ພືດຊະນິດເມັດ

talo
ເຮືອນ

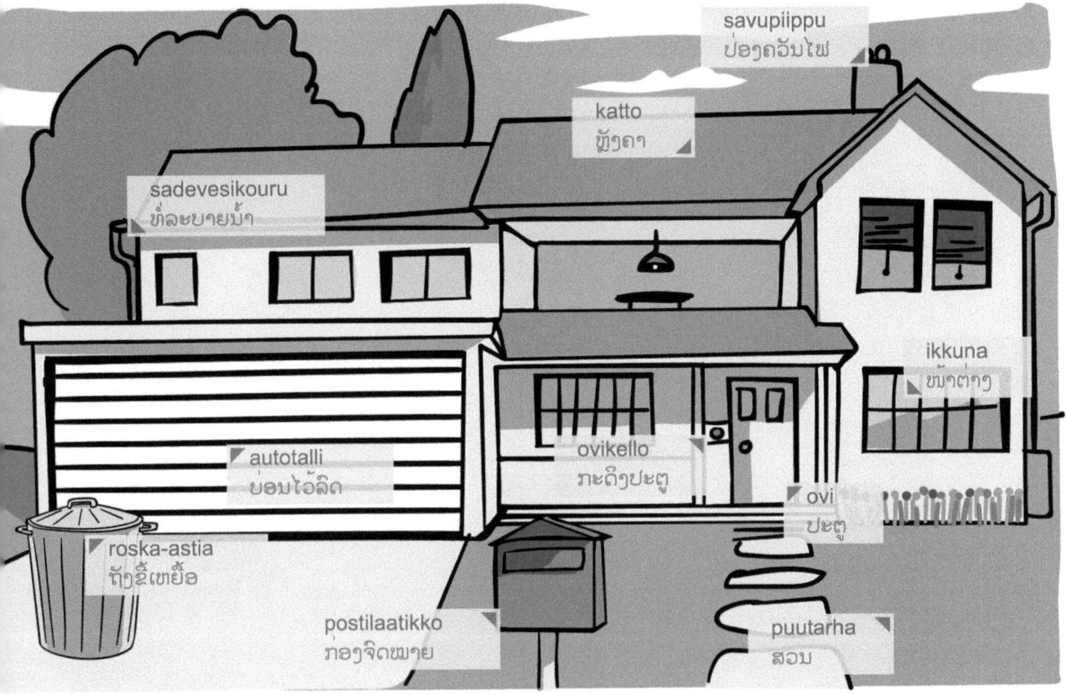
savupiippu
ປ່ອງຄວັນໄຟ
katto
ຫຼັງຄາ
sadevesikouru
ທໍ່ລະບາຍນ້ຳ
ikkuna
ໜ້າຕ່າງ
autotalli
ບ່ອນໄວ້ລົດ
ovikello
ກະດິ່ງປະຕູ
ovi
ປະຕູ
roska-astia
ຖັງຂີ້ເຫຍື້ອ
postilaatikko
ກ່ອງຈົດໝາຍ
puutarha
ສວນ

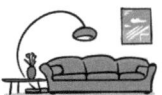

olohuone

ຫ້ອງຮັບແຂກ

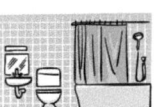

kylpyhuone

ຫ້ອງນ້ຳ

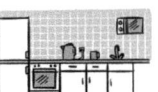

keittiö

ຫ້ອງຄົວ

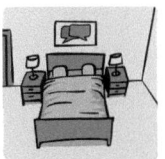

makuuhuone

ຫ້ອງນອນ

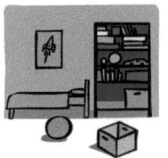

lastenhuone

ຫ້ອງພັກສຳລັບເດັກນ້ອຍ

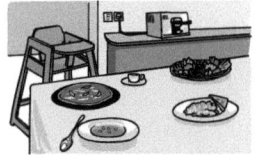

ruokahuone

ຫ້ອງອາຫານ

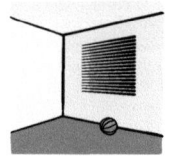

lattia

ພື້ນ

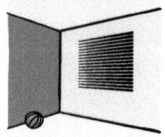

seinä

ຝາຜະໜັງ

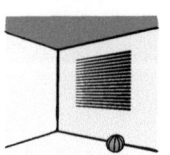

katto

ເພດານ

kellari

ຫ້ອງເກັບເຄື່ອງໃຕ້ດິນ

sauna

ຫ້ອງອົບອາຍນ້ຳ

parveke

ລະບຽງ

terassi

ຊຸ້ມຕາມຊ້າງພູ

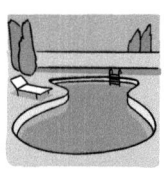

uima-allas

ສະລອຍນ້ຳ

ruohonleikkuri

ເຄື່ອງຕັດຫຍ້າ

lakana

ຜ້າປູບ່ອນນອນ

päiväpeitto

ຜ້າປູຕງງ

sänky

ຕຽງ

harja

ຟອຍ

ämpäri

ຖຸ

katkaisin

ສະວິດ

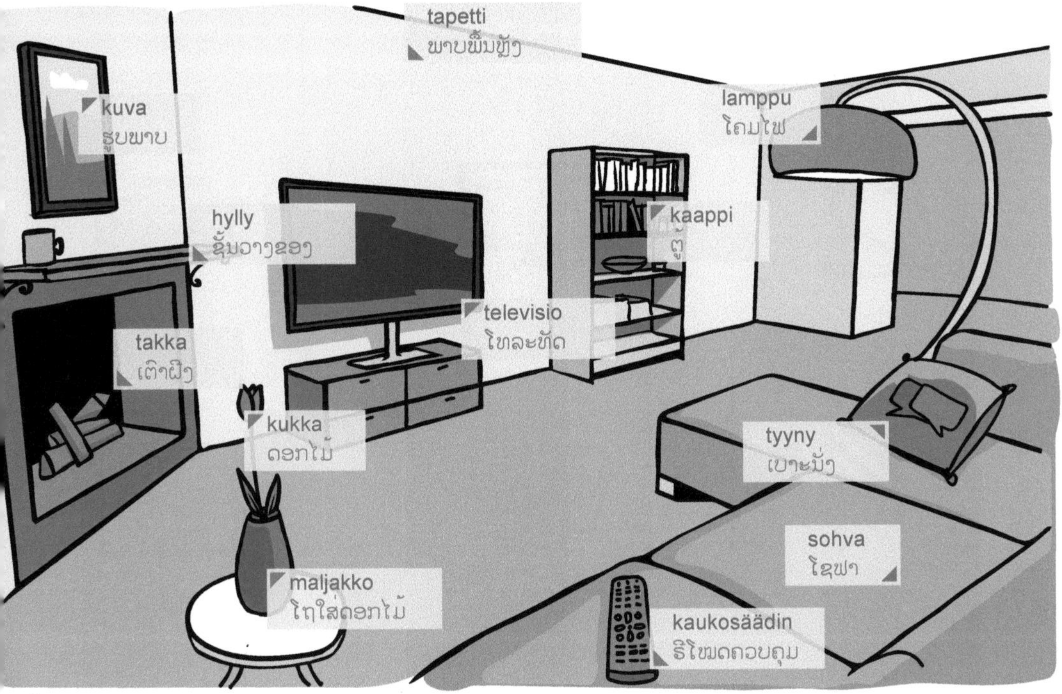

tapetti
ພາບພິມຝາໆ

kuva
ຮູບພາບ

lamppu
ໂຄມໄຟ

hylly
ຊັ້ນວາງຂອງ

kaappi
ຕູ້

takka
ເຕົາຜີງ

televisio
ໂທລະທັດ

kukka
ດອກໄມ້

tyyny
ເບາະມັ່ງ

sohva
ໂຊຟາ

maljakko
ໂຖໃສ່ດອກໄມ້

kaukosäädin
ຣີໂໝດຄອບຄຸມ

matto
ພົມປູພື້ນ

verho
ຜ້າກັ້ງ

pöytä
ໂຕະ

tuoli
ຕັ່ງນັ່ງ

keinutuoli
ຕັ່ງນັ່ງແບບໂຍກໄດ້

nojatuoli
ຕັ່ງນັ່ງທີ່ມີບ່ອນວາງແຂນ

kirja

ໜັງສື

peitto

ຜ້າຫົ່ມ

koriste

ຂອງຕົກແຕ່ງ

polttopuut

ຟືນ

elokuva

ຮູບເງົາ

stereot

ເຄື່ອງສຽງລະບົບໄຮໄຟ

avain

ກະແຈ

sanomalehti

ໜັງສືພິມ

maalaus

ການແຕ້ມຮູບ

juliste

ໂປສເຕີ

radio

ວິທະຍຸ

muistivihko

ແຜນບັນທຶກ

pölynimuri

ເຄື່ອງດູດຝຸ່ນ

kaktus

ຕົ້ນກະບອງເພັດ

kynttilä

ທຽນໄຂ

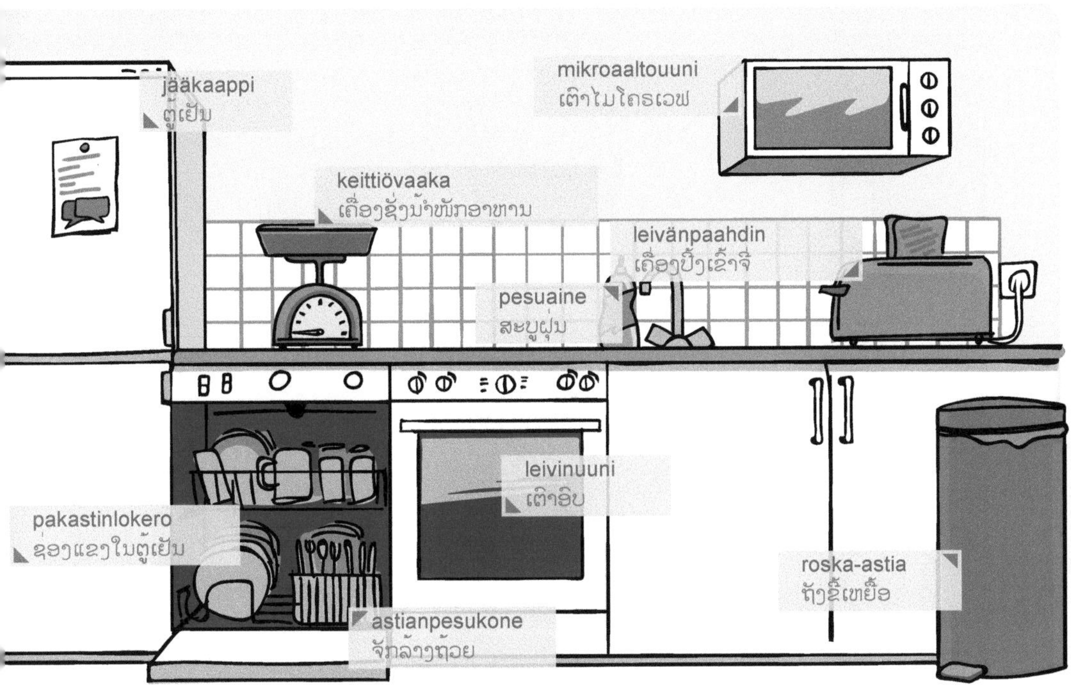

mikroaaltouuni
ເຕົາໄມໂຄຣເວຟ

jääkaappi
ຕູ້ເຢັນ

keittiövaaka
ເຄື່ອງຊັ່ງນ້ຳໜັກອາຫານ

leivänpaahdin
ເຄື່ອງປີ້ງເຂົ້າຈີ່

pesuaine
ສະບູຝຸ່ນ

leivinuuni
ເຕົາອົບ

pakastinlokero
ຊ່ອງແຊ່ແຂງໃນຕູ້ເຢັນ

roska-astia
ຖັງຂີ້ເຫຍື້ອ

astianpesukone
ຈັກລ້າງຖ້ວຍ

liesi
ຫມໍ້ຕົ້ມ

kattila
ຫມໍ້

rautapata
ຫມໍ້ເຫຼັກກ້າ

vokkipannu / kadai-pannu
ຫມໍ້ກະທະຈືນ

paistinpannu
ຫມໍ້ກະທະກົ້ນແບນ

teepannu
ກາຕົ້ມນ້ຳ

höyrykeitin
ໝໍ້ໂອນ້ຳ

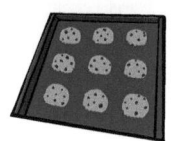

uunipelti
ຖາດອົບ

astiat
ເຄື່ອງຖ້ວຍຊາມ

muki
ຈອກກົມ

kulho
ຖ້ວຍ

syömäpuikot
ໄມ້ທູ່

kauha
ຈອງດ້າມຍາວ

paistinlasta
ຕະຫຼິວ

vispilä
ເຄື່ອງຕີໄຂ່

siivilä
ກະຊອນ

siivilä
ເຄື່ອງຊອນ

raastin
ເຫຼັກຂູດ

mortteli
ຄົກ

grilli
ບາບີຄິວ

avotuli
ແຄມໄຟຖາງອນ

leikkuulauta
ຂຽງ

kaulin
ໄມ້ບົດແປ້ງ

korkinavaaja
ເຫຼັກໄຂດອນແກ້ວ

purkki
ກະປ໋ອງ

purkinavaaja
ເຄື່ອງເປີດກະປ໋ອງ

pannulappu
ຖົງມືຈັບຂອງຮ້ອນ

lavuaari
ອ່າງລ້າງຈານ

tiskiharja
ແປງ

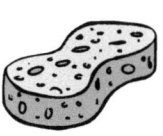

pesusieni
ຟອງນ້ຳ

tehosekoitin
ເຄື່ອງປັ່ນ

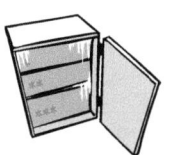

pakastin
ຕູ້ແຊແຂງ

tuttipullo
ຂວດນົມ

vesihana
ກ໊ອກນ້ຳ

kylpyhuone

ຫອງນຳ

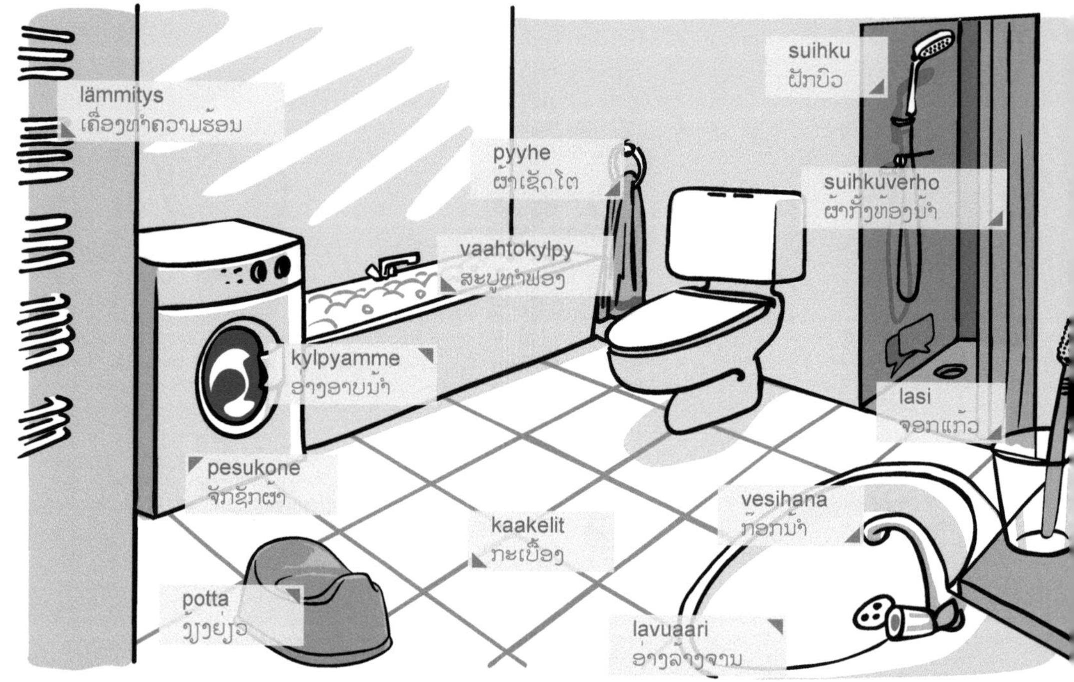

lämmitys
ເຄື່ອງທຳຄວາມຮ້ອນ
pyyhe
ຜ້າເຊັດໂຕ
suihku
ຝັກບົວ
suihkuverho
ຜ້າກັ້ງຫ້ອງນ້ຳ
vaahtokylpy
ສະບູທຳຟອງ
kylpyamme
ອ່າງອາບນ້ຳ
lasi
ຈອກແກ້ວ
pesukone
ຈັກຊັກຜ້າ
vesihana
ກ໊ອກນ້ຳ
kaakelit
ກະເບື້ອງ
potta
ງ້ຽວຍ່ຽວ
lavuaari
ອ່າງລ້າງຈານ

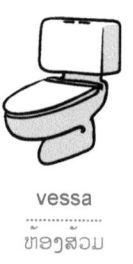

vessa
ຫ້ອງສ້ວມ

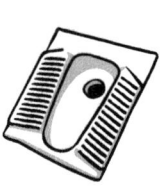

kyykkyvessa
ໂຖສ້ວມແບບນັ່ງຍອງ

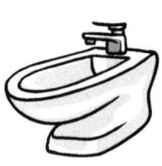

bidee
ໂຖຍ່ຽວຂອງຜູ້ຍິງ

pisuaari
ໂຖຍ່ຽວຂອງຜູ້ຊາຍ

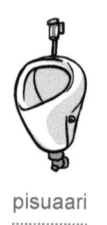

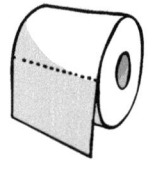

vessapaperi
ກະດາດຊຳລະທີ່ໃຊ້ໃນຫ້ອງນ້ຳ

vessaharja
ແປງຂັດຫ້ອງນ້ຳ

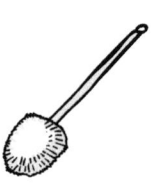

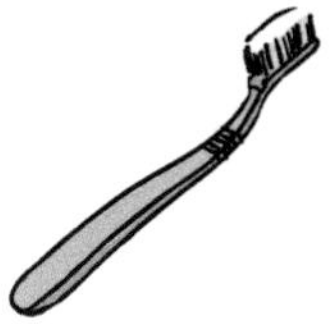

hammasharja

ແປງສີຟັນ

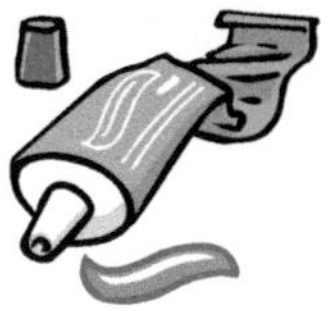

hammastahna

ຢາສີຟັນ

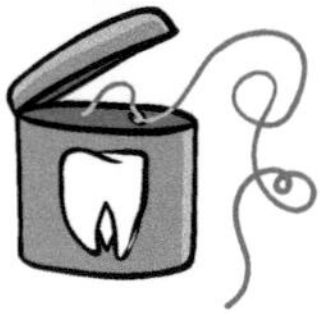

hammaslanka

ໄໝຂັດແຂ້ວ

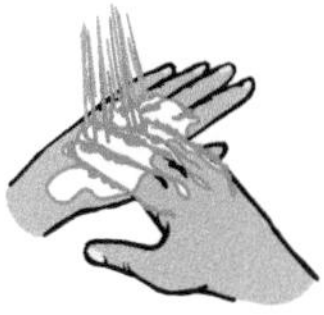

pestä

ລ້າງ

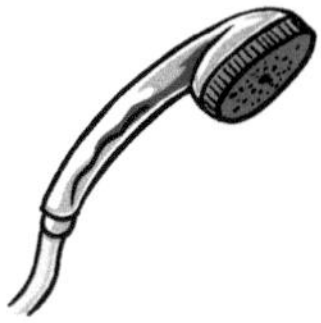

käsisuihku

ຝັກບົວອາບນ້ຳທີ່ໃຊ້ມືຈັບ

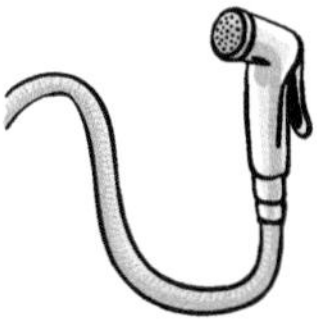

intiimisuihku

ເຄື່ອງສີດລ້າງ

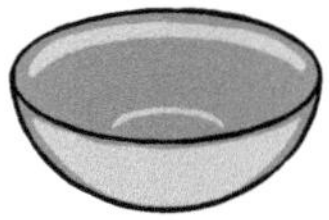

pesuvati

ອ່າງລ້າງໜ້າ

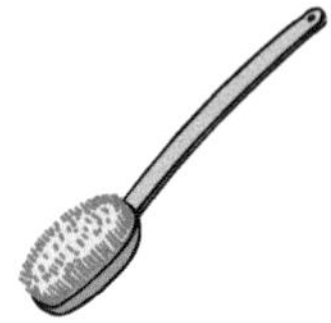

selkäharja

ແປງຖູຫຼັງ

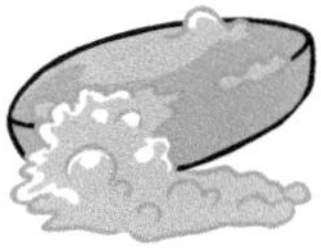

saippua

ສະບູ

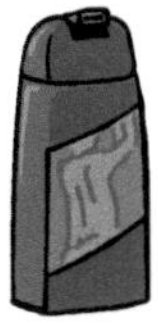

suihkugeeli

ເຈລອາບນ້ຳ

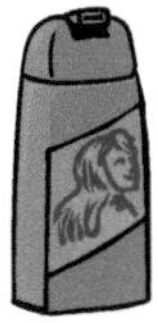

shampoo

ແຊມພູ

pesulappu

ຜ້າຖູໂຕນ້ອຍ

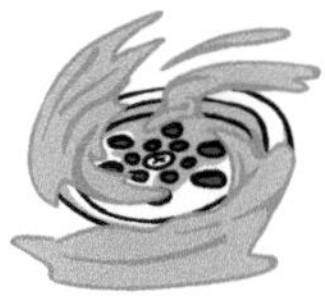

viemäri

ທໍ່ລະບາຍນ້ຳເສຍ

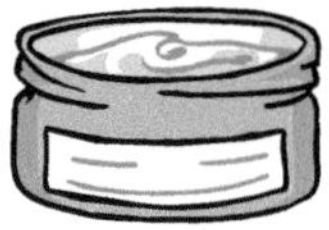

voide

ຄີມ

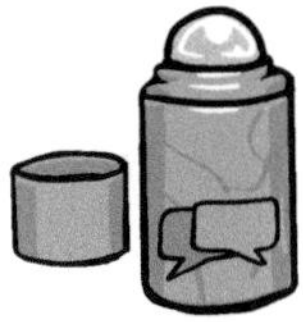

deodorantti

ຢາດັບກິ່ນ

peili

แอ่มแยง

käsipeili

แอ่มมิทิ

partaveitsi

ມິດແຖຫນວດ

partavaahto

ໂຟມແຖຫນວດ

partavesi

ໂລຊັນບຳລຸຜີວຫຼັງແຖຫນວດ

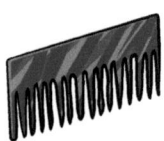

kampa

ຫວີ

harja

ແປງ

hiustenkuivaaja

ຈັກເປົ່າຜົມ

hiuslakka

ສະເປຊີດຜົມ

meikki

ຊຸດເຄື່ອງສຳອາງ

huulipuna

ລິບສະຕິກທາສົບ

kynsilakka

ນ້ຳຢາທາເລັບ

pumpuli

ສຳລີ

kynsisakset

ມິດຕັດເລັບ

hajuvesi

ນ້ຳຫອມ

kosmetiikkalaukku

ກະເປົາອາບນ້ຳ

jakkara

ຕັ່ງສາມຂາ

vaaka

ເຄື່ອງຊັ່ງນ້ຳໜັກ

kylpytakki

ເສື້ອຄຸມອາບນ້ຳ

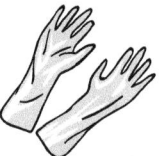

kumihansikkaat

ຖົງມືຢາງ

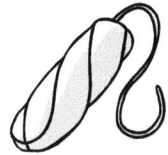

tamponi

ຜ້າອະນາໄມແບບສອດ

terveysside

ຜ້າອະນາໄມ

kemiallinen wc

ຫ້ອງນ້ຳເຄມີ

lastenhuone

ຫອງພັກສໍາລັບເດັກນອຍ

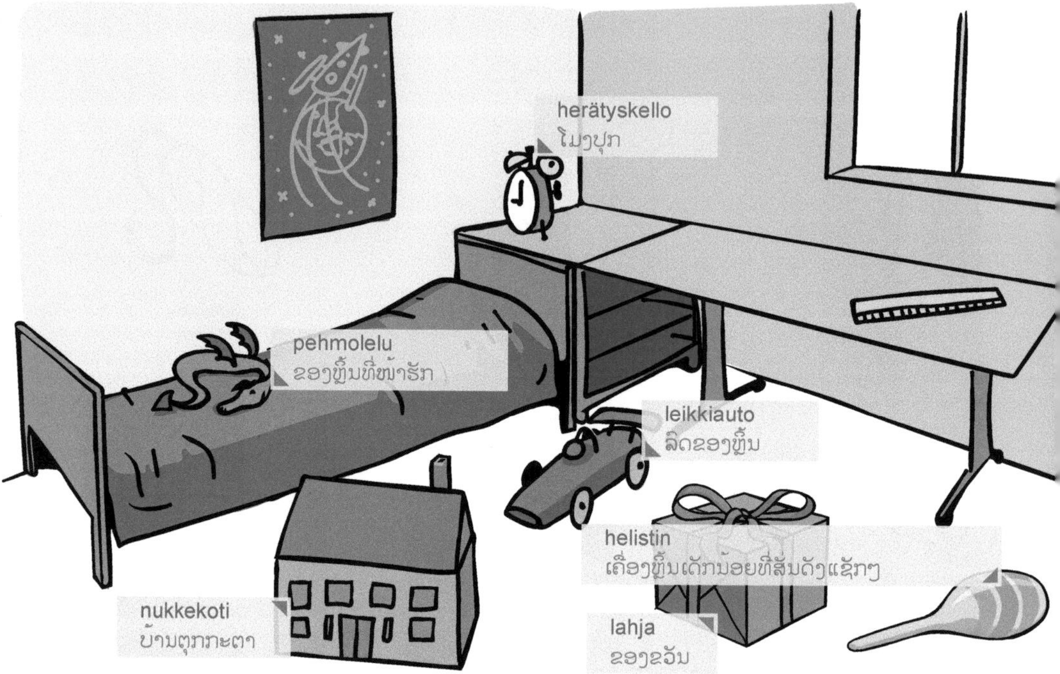

herätyskello
ໂມງປຸກ
pehmolelu
ຂອງຫຼິ້ນທີ່ໜ້າຮັກ
leikkiauto
ລົດຂອງຫຼິ້ນ
helistin
ເຄື່ອງຫຼິ້ນເດັກນ້ອຍທີ່ສັ່ນດັງແຊັກໆ
nukkekoti
ບ້ານຕຸກກະຕາ
lahja
ຂອງຂວັນ

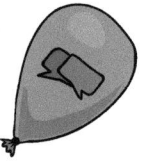

ilmapallo

ໝາກປຸມເປົ້າ

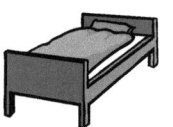

sänky

ຕຽງ

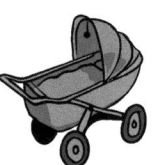

lastenvaunut

ລົດຍູ້ເດັກ

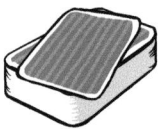

korttipeli

ຊຸມໄພ້

palapeli

ຈີກຊໍ

SUPER
MEGA

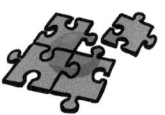

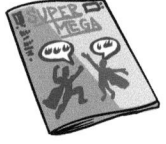

sarjakuva

ໜັງສືກາຕູນ

legopalikat
ຕິວຕໍ່ເລໂກ້

rakennuspalikat
ບລ໋ອກຂອງຫຼິ້ນ

supersankari
ຮູບປັ້ນທີ່ເຄື່ອນໄຫວໄດ້

potkupuku
ເສື້ອຜ້າເດັກເກີດໃໝ່

frisbee
ຈານບິນ

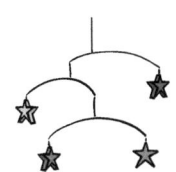

mobile
ສິ່ງທີ່ແກວ່ງໄປມາແຂນຢູ່ເທິງທິ່ວ
ຕຽງເດັກນ້ອຍ

lautapeli
ເກມກະດານ

noppa
ໝາກກະລອກ

pienoisjunarata
ຊຸດລົດໄຟຈຳລອງ

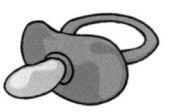

tutti
ຮູບທຸມ

juhlat
ງານລ້ຽງ

kuvakirja
ໜັງສືພາບ

pallo
ໝາກບານ

nukke
ຕຸກກະຕາ

leikkiä
ຫຼິ້ນ

hiekkalaatikko

ຂຸມດິນຊາຍສຳລັບເດັກນ້ອຍຫຼິ້ນ

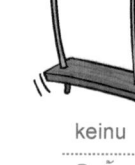

keinu

ຊິງຊ້າ

lelut

ຂອງຫຼິ້ນ

pelikonsoli

ເຄື່ອງຫຼິ້ນວິດີໂອເກມ

kolmipyörä

ລົດຖີບສາມລໍ້

nalle

ຕຸກກະຕາໝີ

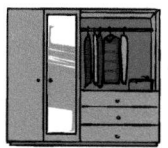

vaatekaappi

ຕູ້ເສື້ອຜ້າ

vaatteet

ເສື້ອຜ້າ

sukat

ລອງເທົ້າ

nylonsukat

ຖົງເທົ້າຍາວຜູ້ຍິງ

sukkahousut

ໂສ້ງຍືດແບບເນື້ອ

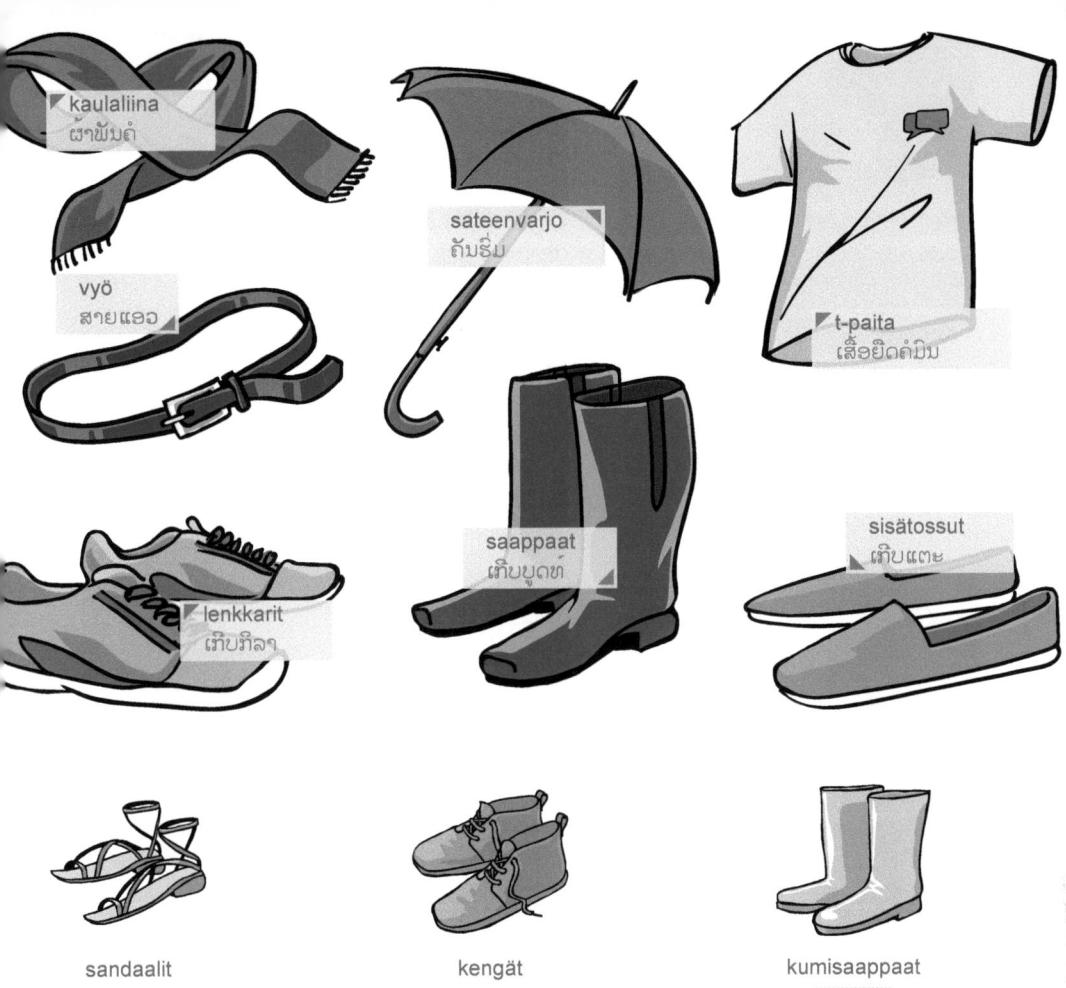

kaulaliina
ຜ້າພັນຄໍ

sateenvarjo
ຄັນຮົ່ມ

t-paita
ເສື້ອຍືດຄໍມົນ

vyö
ສາຍແອວ

saappaat
ເກີບບຸດທ໌

sisätossut
ເກີບແຕະ

lenkkarit
ເກີບກິລາ

sandaalit	kengät	kumisaappaat
ເກີບຊ້ວດຄາມ	ເກີບ	ເກີບບຸດທ໌ຍາງ
alushousut	rintaliivit	aluspaita
ໂສ້ງຊ້ອນໃນ	ເສື້ອຊ້ອນໃນ	ເສື້ອກ້າມ

body
ເສື້ອຮັດທຸ່ມ

housut
ໂສ້ງຂາຍາວ

farkut
ໂສ້ງຍິນ

hame
ກະໂປ່ງ

pusero
ເສື້ອຜູ້ຍິງ

paita
ເສື້ອເຊິດ

villapaita
ເສື້ອກັນໜາວ

collegepaita
ເສື້ອຄຸມມີໝວກ

jakku
ເສື້ອໃໝ່ທີ່ຕິດກາໂຮງງານຫຼືກາທິ
ມກິລາ

takki
ເສື້ອແຈັກເກັດ

takki
ເສື້ອນອກ

sadetakki
ເສື້ອກັນຝົນ

puku
ເຄື່ອງແຕ່ງກາຍ

mekko
ກະໂປ່ງ

hääpuku
ຊຸດແຕ່ງງານ

puku

ເສື້ອສູດ

yöpaita

ຊຸດລາຕີ

pyjama

ຊຸດນອນ

shari

ຊຸດຊາຣີ

päähuivi

ຜ້າຄຸມຫົວ

turbaani

ຜ້າພັນຫົວ

burka

ເສື້ອບຸຣເຄາະ

kaftaani

ເສື້ອຄຸມຄາຟຕານ

abaya

ເສື້ອຄຸມອາບາຍາ

uimapuku

ຊຸດລອຍນ້ຳ

uimahousut

ໂສ້ງໃສ່ລອຍນ້ຳ

shortsit

ໂສ້ງຂາສັ້ນ

verkkarit

ຊຸດວອມ

esiliina

ຜ້າກັນເປື້ອນ

käsineet

ຖົງມື

vaatteet - ເສື້ອຜ້າ

nappi

ກະດຸມ

silmälasit

ແວ່ນຕາ

rannekoru

ປອກແຂນ

kaulakoru

ສ້ອຍຄໍ

sormus

ແຫວນ

korvakoru

ຕຸ້ມຫູ

lippalakki

ໝວກແກັບ

ripustin

ໄມ້ແຂວນເສື້ອນອກ

hattu

ໝວກ

solmio

ກາລະຫວັດ

vetoketju

ຊິບ

kypärä

ໝວກກັນກະທົບ

henkselit

ສາຍໂຍງໄສ້ງ

koulupuku

ຊຸດນັກຮຽນ

univormu

ເຄື່ອງແບບ

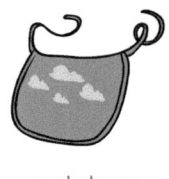

ruokalappu

ຜ້າກັນເປື້ອນເດັກ

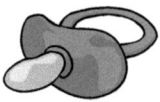

tutti

ຮູບຫຸ່ນ

vaippa

ຜ້າອ້ອມ

toimisto

ຫ້ອງການ

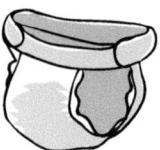

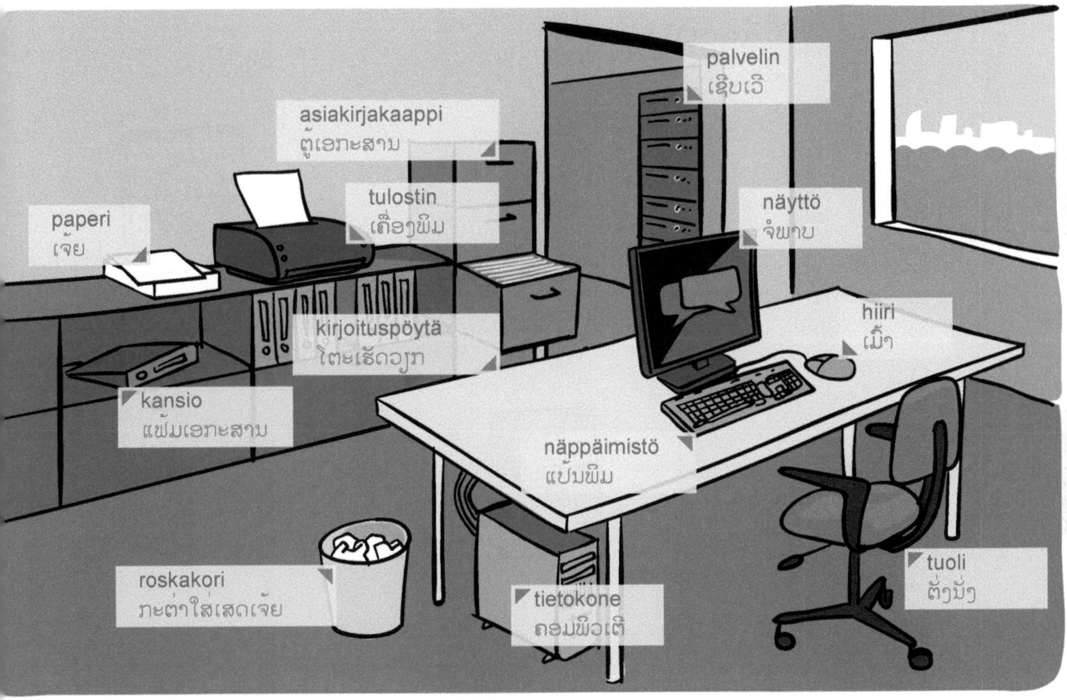

palvelin
ເຊີບເວີ
asiakirjakaappi
ຕູ້ເອກະສານ
tulostin
ເຄື່ອງພິມ
paperi
ເຈ້ຍ
näyttö
ຈໍພາບ
hiiri
ເມົ້າ
kirjoituspöytä
ໂຕະເຮັດວຽກ
kansio
ແຟ້ມເອກະສານ
näppäimistö
ແປ້ນພິມ
roskakori
ກະຕ່າໃສ່ເສດເຈ້ຍ
tietokone
ຄອມພິວເຕີ
tuoli
ຕັ່ງນັ່ງ

kahvimuki

ຈອກຫິນໃສ່ກາເຟ

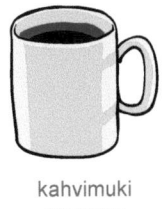

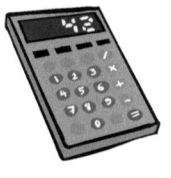

taskulaskin

ເຄື່ອງຄິດເລກ

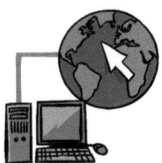

internet

ອິນເຕີເນັດ

kannettava tietokone

ຄອມພິວເຕີແລັບທ້ອບ

kirje

ຈົດໝາຍ

viesti

ຂໍ້ຄວາມ

kännykkä

ໂທລະສັບມືຖື

verkko

ເຄືອຂ່າຍ

kopiokone

ເຄື່ອງຖ່າຍເອກະສານ

ohjelmisto

ຊອບແວ

puhelin

ໂທລະສັບ

pistorasia

ປັກໄຟ

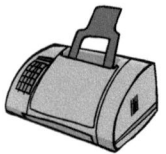

faksi

ເຄື່ອງແຟັກ

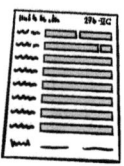

lomake

ແບບຟອມ

asiakirja

ເອກະສານ

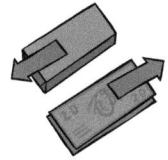

ostaa

ຊື້

maksaa

ຈ່າຍ

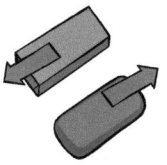

vaihtaa

ຕໍ່ຂາຍ

raha

ເງິນ

dollari

ເງິນດອນລາ

euro

ເງິນຢູໂຣ

jeni

ເງິນເຢນ

rupla

ເງິນຣູເບິລ

frangi

ເງິນຝຣັ່ງສະວິດ

renminbi juan

ເງິນຢວນເຣິນໝິນປີ້

rupia

ເງິນຣູປີ

pankkiautomaatti

ເຄື່ອງສາລັບກົດເງິນສົດຈາກທະນ
ໍ່າຄານ

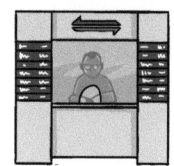

rahanvaihto
ບ່ອນແລກປ່ຽນເງິນຕາ

kulta
ທອງຄຳ

hopea
ເງິນ

öljy
ນ້ຳມັນ

energia
ພະລັງງານ

hinta
ລາຄາ

sopimus
ສັນຍາ

vero
ພາສີ

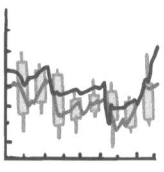

osake
ຫຸ້ນ

työskennellä
ເຮັດວຽກ

työntekijä
ລູກຈ້າງ

työnantaja
ນາຍຈ້າງ

tehdas
ໂຮງງານ

liike
ຮ້ານຄ້າ

ammatit
ອາຊີບ

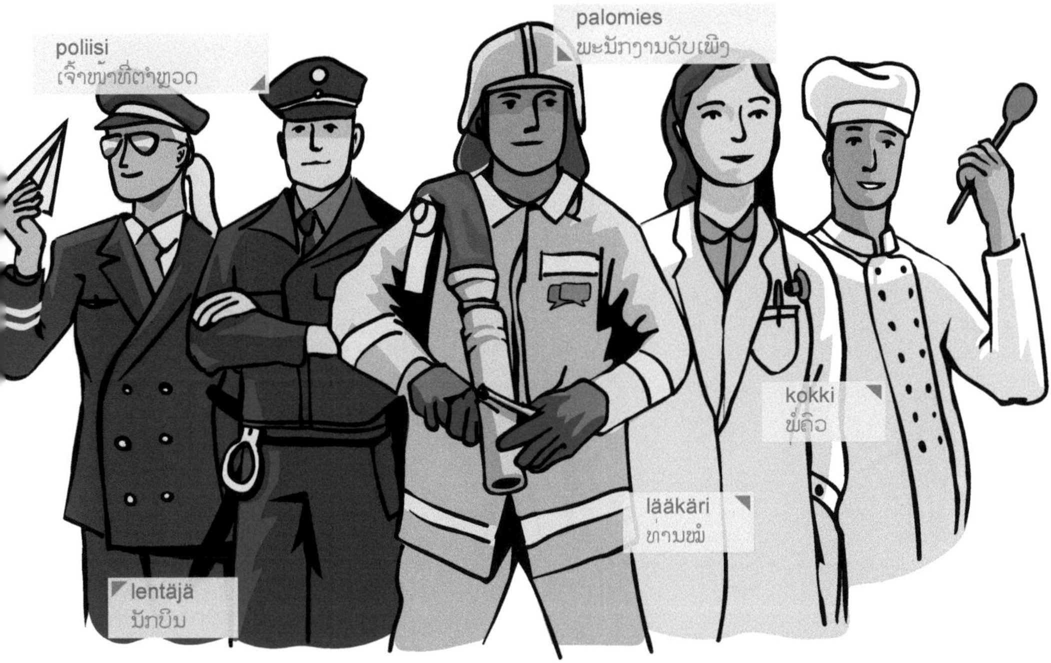

poliisi
ເຈົ້າໜ້າທີ່ຕຳຫຼວດ
palomies
ພະນັກງານດັບເພີງ
kokki
ພໍ່ຄົວ
lääkäri
ທ່ານໝໍ
lentäjä
ນັກບິນ

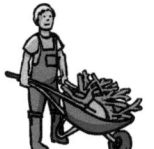

puutarhuri

ຊາວສວນ

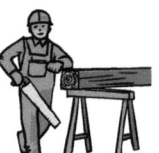

puuseppä

ຊ່າງໄມ້

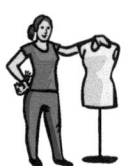

ompelija

ຊ່າງຫຍິບຜ້າທີ່ເປັນຜູ້ຍິງ

tuomari

ຜູ້ພິພາກສາ

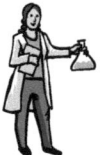

kemisti

ນັກເຄມີ

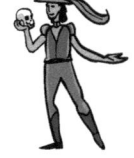

näyttelijä

ນັກສະແດງຊາຍ

linja-autonkuljettaja

ຄົນຂັບລົດເມປະຈຳທາງ

taksinkuljettaja

ຄົນຂັບແທັກຊີ

kalastaja

ຊາວປະມົງ

siivooja

ແມ່ບ້ານທຳຄວາມສະອາດ

katontekijä

ຊ່າງມຸງຫຼັງຄາ

tarjoilija

ຄົນເສີບຂາຍ

metsästäjä

ນາຍພານ

maalari

ຊ່າງທາສີ

leipuri

ຄົນເຮັດເຂົ້າໜົມປັງ

sähköasentaja

ຊ່າງໄຟຟ້າ

rakentaja

ຊ່າງກໍ່ສ້າງ

insinööri

ວິສະວິກອນ

teurastaja

ຄົນຂາຍຊີ້ນ

putkiasentaja

ຊ່າງນ້ຳປະປາ

postinjakaja

ບູລຸດໄປສະນີ

sotilas

ທະຫານ

arkkitehti

ສະຖາປະນິກ

kassanhoitaja

ພະນັກງານເກັບສິດ

floristi

ຄົນຂາຍດອກໄມ້

kampaaja

ຊ່າງແຕ່ງຜົມ

konduktööri

ພະນັກງານກວດປີ້ລົດ

mekaanikko

ຊ່າງສ້ອມລົດຍົນ

kapteeni

ຜູ້ບັງຄັບການ

hammaslääkäri

ທັນຕະແພດ

tiedemies

ນັກວິທະຍາສາດ

rabbi

ພະໃນສາສະໜາຍິວ

imaami

ຜູ້ນຳຊາວມຸສລິມ

munkki

ຖຸບາ

pappi

ນັກບວດ

työkalut
ເຄື່ອງມື

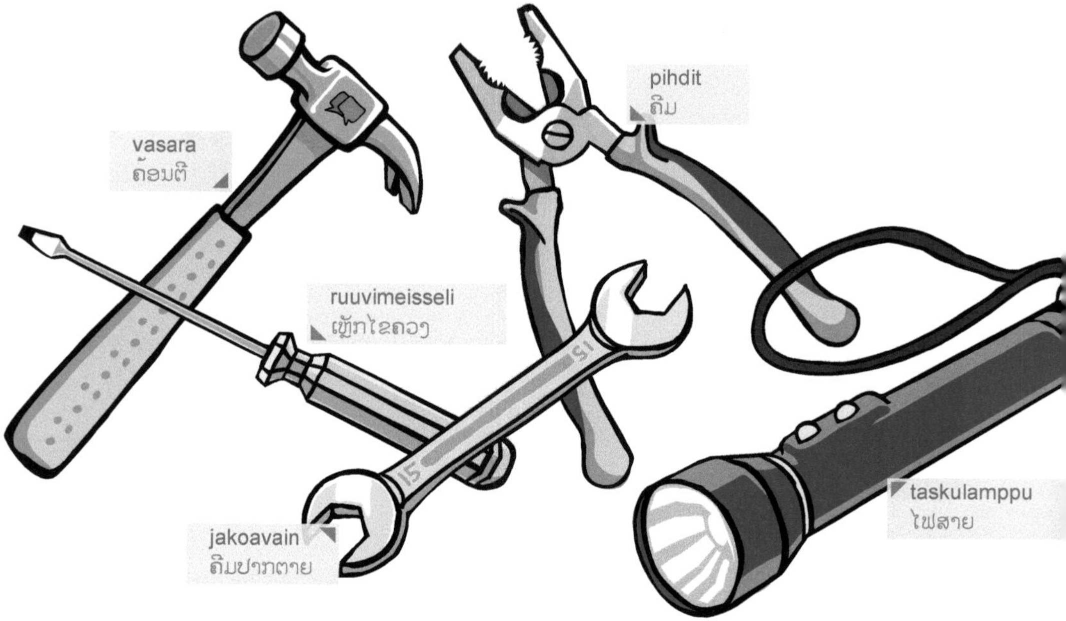

vasara
ຄ້ອນຕີ
pihdit
ຄີມ
ruuvimeisseli
ເຫຼັກໄຂຄວງ
jakoavain
ຄີມປາກຕາຍ
taskulamppu
ໄຟສາຍ

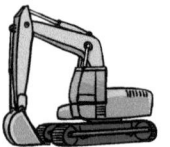

kaivinkone
ເຄື່ອງຂຸດ

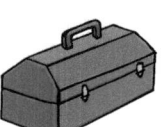

työkalupakki
ກັບເຄື່ອງມື

tikkaat
ຂັ້ນໄດ

saha
ເລື່ອຍ

naulat
ຕະປູ

pora
ເຫຼັກຊີ

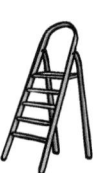

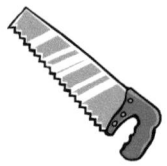

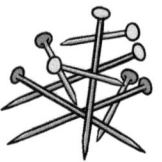

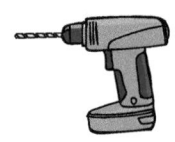

korjata

ສ້ອມແປງ

lapio

ຊ້ວານ

Hitto!

ຕາຍຫາ!

rikkalapio

ຂອງຊ້ວານຂີ້ເຫຍື້ອ

maalipurkki

ຖັງສີ

ruuvit

ຕະປູກຽວ

soittimet
ເຄື່ອງດົນຕິ

rummut
ກອງຊຸດ

kaiuttimet
ລຳໄພງ

kitara
ກີຕ້າ

kontrabasso
ດັບເບິ້ລເບສ

trumpetti
ແກຫອງເຫືງ

piano

ເປຍໂນ

viulu

ໄວໂອລິນ

basso

ເບສ

patarummut

ກອງທິມປານີ

rumpu

ກອງຊຸດ

kosketinsoitin

ຄີບອດ

saksofoni

ແຊັກໂຊໂຟນ

huilu

ຂຸຍ

mikrofoni

ໄມໂຄຣໂຟນ

tiikeri
ເສືອ

sisäänkäynti
ທາງເຂົ້າ

häkki
ກົງຂັງມິກ

seepra
ມ້າລາຍ

eläinten ruoka
ອາຫານສັດ

panda
ໝິແໝນດ້າ

eläimet

ສັດ

norsu

ຊ້າງ

kenguru

ກັງກາຮູ

sarvikuono

ແຮດ

gorilla

ລີງໂຄນໃຫຍ່

karhu

ໝິ

kameli

ອູດ

strutsi

ນົກກະຈອກເທດ

leijona

ສິງໂຕ

apina

ລີງ

flamingo

ນົກຟລາມິງໂກ

papukaija

ນົກແກ້ວ

jääkarhu

ໝີຂົ້ວໂລກ

pingviini

ນົກເພັ້ນກວິນ

hai

ປາສະຫຼາມ

riikinkukko

ນົກຍຸງ

käärme

ງູ

krokotiili

ແຂ້

eläintarhanhoitaja

ຜູ້ເບິ່ງແຍງສວນສັດ

hylje

ແມວນ້ຳ

jaguaari

ເສືອຈາກົວ

eläintarha - ສວນສັດ

poni

ມ້າພັນມ້ອຍ

leopardi

ເສືອດາວ

virtahepo

ຮິບໂປ

kirahvi

ໂຕຈິຣາຟ

kotka

ໜຽວ

villisika

ໝູປ່າຕິວຜູ້

kala

ປາ

kilpikonna

ເຕົ່າ

mursu

ຊ້າງນ້ຳ

kettu

ໝາຈອກ

gaselli

ກວາງນ້ອຍ

urheilu
ກິລາ

amerikkalainen jalkapallo
ອາເມລິກັນຟຸດບອນ

pyöräily
ຂີ່ລົດຖີບ

tennis
ກິລາເທນນິສ

koripallo
ບັສເກັດບອລ

uinti
ກິລາລອຍນ້ຳ

nyrkkeily
ອົກມວຍ

jääkiekko
ກິລາຕີຄີເທີບນ້ຳແຂງ

jalkapallo

ກິລາເຕະບານ

sulkapallo

ກິລາຕີດອກປີກໄກ່

yleisurheilu

ກິລາປະເພດ ແລ່ນ
ເຕັ້ນແລະແກວ່ງ

käsipallo

ແຮນບອລ

hiihto

ກິລາສະກີ

poolo

ກິລາໂປໂລນ້ຳ

nauraa
ຫົວ

hypätä
ໂດດ

halata
ກອດ

kävellä
ຍ່າງ

laulaa
ຮ້ອງເພງ

unelmoida
ຝັນ

rukoilla
ໄຫວ້ພະ / ສວດມົນ

suudella
ຈູບ

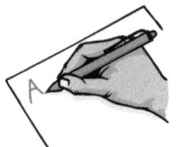

kirjoittaa
ຂຽນ

piirtää
ແຕ້ມ

näyttää
ສະແດງ

painaa
ຍູ້

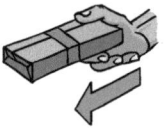

antaa
ໃຫ້

ottaa
ເອົາໄປ

omistaa

ມີ

tehdä

ເຮັດ

olla

ເປັນ

seisoa

ຢືນ

juosta

ແລ່ນ

vetää

ດຶງ

heittää

ໂຍນ

kaatua

ລົ້ມ

maata

ນອນຢຽດ

odottaa

ລໍຖ້າ

kantaa

ຖື

istua

ນັ່ງ

pukeutua

ແຕ່ງຕົວ

nukkua

ນອນຫຼັບ

herätä

ຕື່ນນອນ

katsoa
ເບີ່ງ

itkeä
ຮ້ອງໄຫ້

silittää
ລູບ

kammata
ຫວີຜົມ

puhua
ລົມ

ymmärtää
ເຂົ້າໃຈ

kysyä
ຄຳຖາມ

kuunnella
ຟັງ

juoda
ດື່ມ

syödä
ກິນ

siivota
ຈັດໃຫ້ເປັນລະບຽບ

rakastaa
ຮັກ

keittää
ຄົວກິນ

ajaa
ຂັບລົດ

lentää
ບິນ

purjehtia

ແລ່ນເຮືອ

laskea

ຄິດໄລ່

lukea

ອ່ານ

oppia

ຮຽນຮູ້

työskennellä

ເຮັດວຽກ

mennä naimisiin

ແຕ່ງງານ

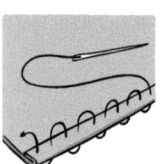

ommella

ຫຍິບ

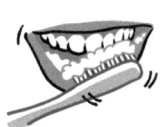

pestä hampaat

ແປງຟັນ

tappaa

ຂ້າ

tupakoida

ສູບຢາ

lähettää

ສົ່ງ

mummo
ແມ່ເຖົ້າ

ukki
ພໍ່ເຖົ້າ

isä
ພໍ່

äiti
ແມ່

vauva
ເດັກເກີດໃໝ່

tytär
ລູກສາວ

poika
ລູກຊາຍ

vieras

ແຂກ

täti

ປ້າ

setä

ລຸງ

veli

ອ້າຍນ້ອງ

sisko

ເອື້ອຍນ້ອງ

vartalo

ຮາງກາຍ

otsa
ໜ້າຜາກ
silmä
ຕາ
kasvot
ໃບໜ້າ
leuka
ຄາງ
rinta
ໜ້າເອິກ
sormet
ນິ້ວມື
käsi
ມື
käsivarsi
ແຂນ
olkapää
ບ່າໄຫຼ່
jalka
ຂາ

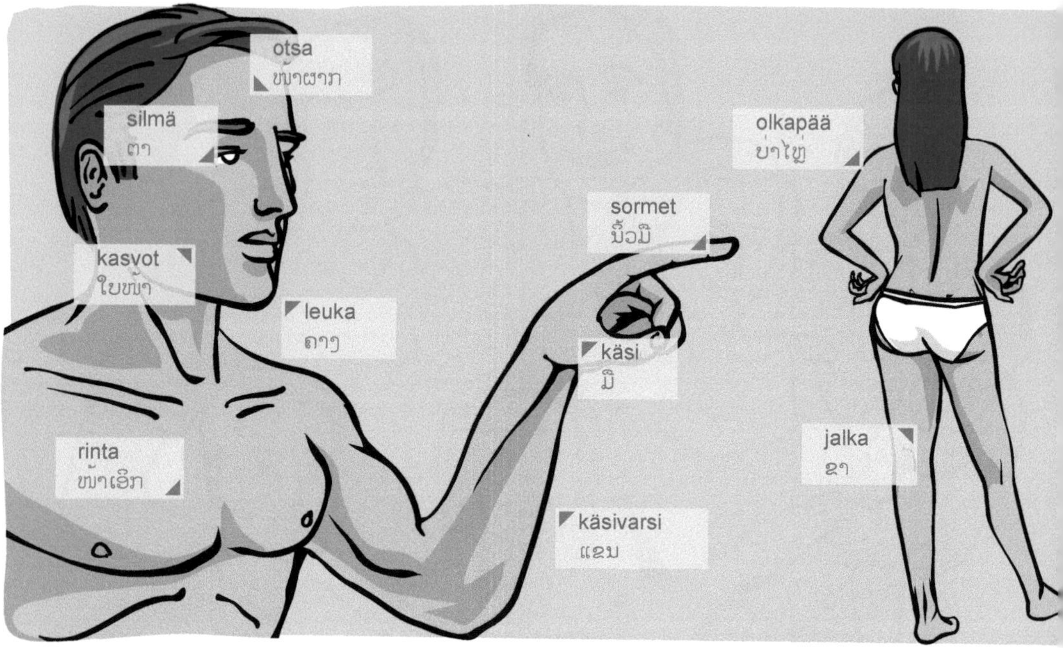

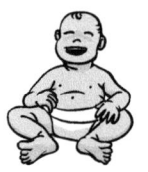

vauva

ເດັກເກີດໃໝ່

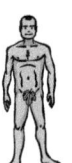

mies

ຜູ້ຊາຍ

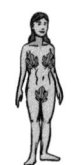

nainen

ຜູ້ຍິງ

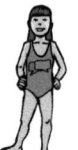

tyttö

ເດັກຍິງ

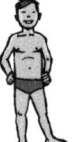

poika

ເດັກຊາຍ

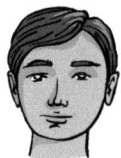

pää

ຫົວ

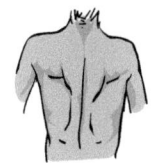

selkä

ຫຼັງ

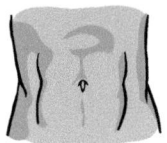

maha

ທ້ອງ

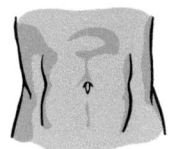

napa

ສະບື

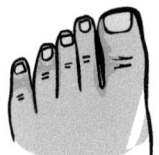

varvas

ນິ້ວຕິນ

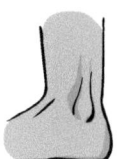

kantapää

ສົ້ນຕິນ

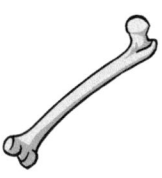

luu

ກະດູກ

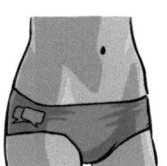

lantio

ກະໂພກ

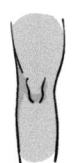

polvi

ຫົວເຂົ່າ

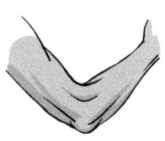

kyynärpää

ແຂນສອກ

nenä

ດັງ

takapuoli

ກົ້ນ

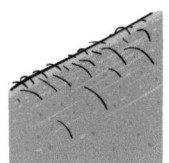

iho

ຜິວໜັງ

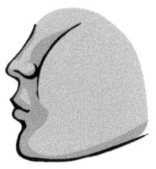

poski

ແກ້ມ

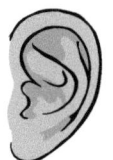

korva

ຫູ

huuli

ຮິມສົບ

suu

ປາກ

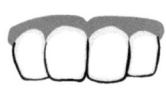

hammas

ແຂ້ວ

kieli

ລີ້ນ

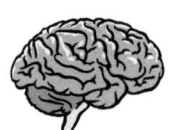

aivot

ສະໝອງ

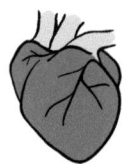

sydän

ຫົວໃຈ

lihas

ກ້າມເນື້ອ

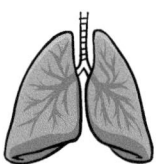

keuhkot

ປອດ

maksa

ຕັບ

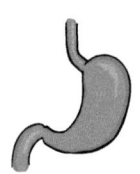

vatsa

ກະເພາະ

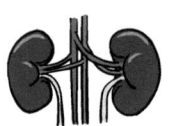

munuaiset

ໄຕ

seksi

ເພດສຳພັນ

kondomi

ຖົງຢາງອະນາໄມ

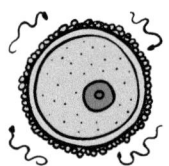

munasolu

ເຊັລສືບພັນ

sperma

ນ້ຳອະສຸຈິ

raskaus

ການຖືພາ

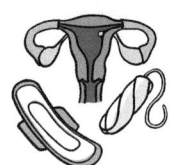

kuukautiset

ປະຈຳເດືອນ

vagina

ຊ່ອງຄອດ

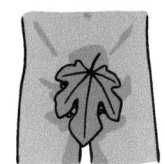

penis

ອະໄວຍະວະເພດຊາຍ

kulmakarvat

ຄິ້ວ

hiukset

ເສັ້ນຜົມ

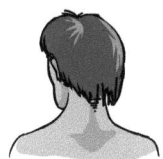

niska

ຄໍ

sairaala
ໂຮງໝໍ

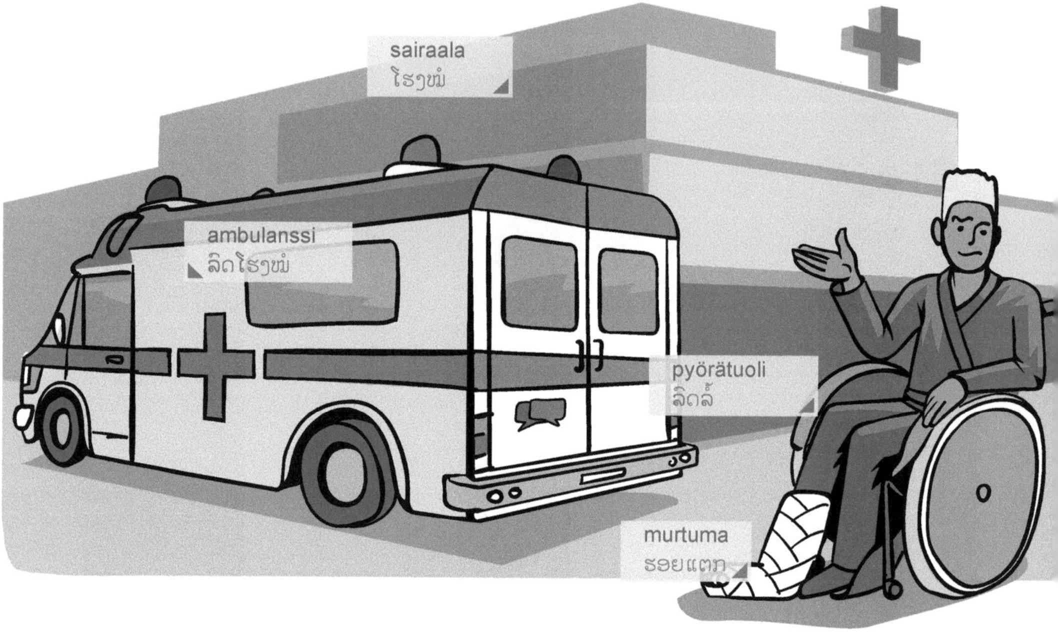

sairaala
ໂຮງໝໍ
ambulanssi
ລົດໂຮງໝໍ
pyörätuoli
ລົດລໍ້
murtuma
ຮອຍແຕກ

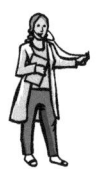

lääkäri

ທ່ານໝໍ

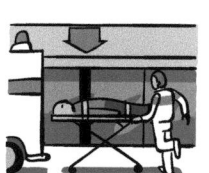

ensiapu

ຫ້ອງສຸກເສີນ

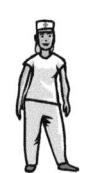

sairaanhoitaja

ພະຍາບານ

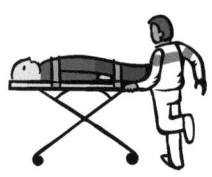

hätätilanne

ສຸກເສີນ

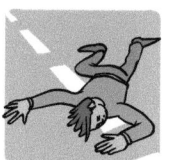

tajuton

ໝົດສະຕິ

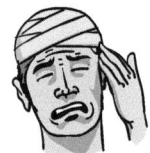

kipu

ອາການເຈັບປວດ

vamma

ການບາດເຈັບ

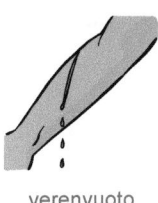

verenvuoto

ເລືອດໄຫຼ

sydänkohtaus

ຫົວໃຈວາຍ

aivoinfarkti

ໂຣກຫຼອດເລືອດໃນສະໝອງ

allergia

ອາການແພ້

yskä

ໄອ

kuume

ໄຂ້

flunssa

ໄຂ້ຫວັດ

ripuli

ຖອກທ້ອງ

päänsärky

ເຈັບຫົວ

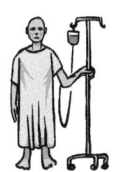

syöpä

ໂຣກມະເລງ

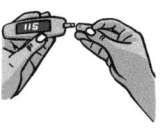

diabetes

ພະຍາດເບົາຫວານ

kirurgi

ໝໍຜ່າຕັດ

veitsi

ມິດຜ່າຕັດ

leikkaus

ການຜ່າຕັດ

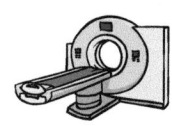

ct

ເຄື່ອງເອັກສະເຣຄອມພິວເຕີ

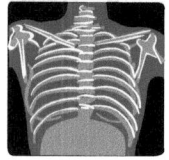

röntgen

ເອັກຊ໌-ເຣ

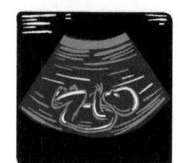

ultraääni

ອູລຕຣາຊາວ (ultrasound)

maski

ໜ້າກາກອະນາໄມ

sairaus

ພະຍາດ

odotushuone

ຫ້ອງລຳຖ້າ

sauva

ໄມ້ຄ້ຳຂີ້ແຮ້

laastari

ຜ້າຍາງຕິດບາດ

side

ຜ້າພັນແຜ

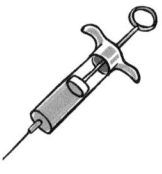

pistos

ສັກຢາ

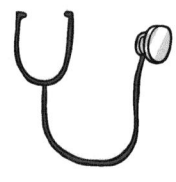

stetoskooppi

ເຄື່ອງຟັງປອດຫົວໃຈ

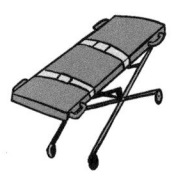

paarit

ເປຫາມຄົນເຈັບ

kuumemittari

ບາຫຼອດວັດໄຂ້

syntymä

ການເກີດ

ylipaino

ນ້ຳໜັກເກີນ

kuulolaite

ເຄື່ອງຊ່ອຍຟັງ

desinfiointiaine

ນ້ຳຢາຂ້າເຊື້ອ

infektio

ການຕິດເຊື້ອ

virus

ເຊື້ອໄວຣັສ

HIV / AIDS

HIV / ເອດສ໌

lääke

ຢາ

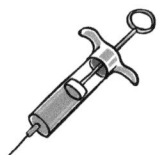

rokotus

ການສັກວັກຊິນ

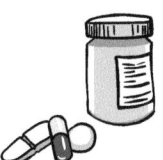

tabletit

ຢາເມັດ

pilleri

ຢາເມັດ

hätäpuhelu

ໂທຣອກສຸກເສີນ

verenpainemittari

ເຄື່ອງວັດຄວາມດັນເລືອດ

sairas / terve

ໄຂ້ / ສຸຂະພາບດີ

Apua!

ຊ່ວຍດ້ວຍ!

hälytys

ສັນຍານເຕືອນໄພ

ryöstö

ການທຳຮ້າຍຮ່າງກາຍ

hyökkäys

ການໂຈມຕີ

vaara

ອັນຕະລາຍ

hätäuloskäynti

ທາງອອກສຸກເສີນ

Tulipalo!

ໄຟໄໝ້!

palosammutin

ບັ້ງດັບເພີງ

onnettomuus

ອຸປະຕິເຫດ

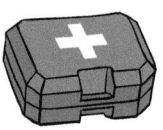

ensiapulaukku

ຊຸດປະຖົມພະຍາບານຂັ້ນຕົ້ນ

SOS

ສັນຍານຂໍຄວາມຊ່ວຍເຫຼືອ

poliisilaitos

ຕຳຫຼວດ

Eurooppa

ເອິຣົບ

Pohjois-Amerikka

ອາເມລິກາເໜືອ

Etelä-Amerikka

ອາເມລິກາໃຕ້

Afrikka

ອາຟຣິກາ

Aasia

ເອເຊຍ

Australia

ອອສເຕຣເລຍ

Atlantin valtameri

ແອດແລນຕິກ

Tyynimeri

ປາຊິຟິກ

Intian valtameri

ມະຫາສະໝຸດອິນເດຍ

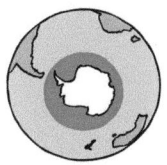

Eteläinen jäämeri

ມະຫາສະໝຸດແອນຕາຣຕິກ

Pohjoinen jäämeri

ມະຫາສະໝຸດອາກຕິກ

pohjoisnapa

ຂົ້ວໂລກເໜືອ

etelänapa

ຂົ້ວໂລກໃຕ້

Antarktis

ແອນຕາຣຕິກາ

maa

ໂລກ

maa

ດິນ

meri

ທະເລ

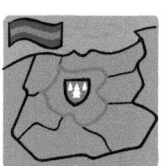

saari

ເກາະ

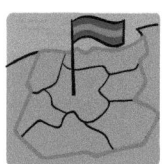

kansa

ຊາດ / ປະເທດຊາດ

osavaltio

ລັດ

maa - ໂລກ

kellotaulu

ໜ້າປັດໂມງ

tuntiviisari

ເຂັມໂມງ

minuuttiviisari

ເຂັມນາທີ

sekuntiviisari

ເຂັມວິນາທີ

Paljonko kello on?

ຈັກໂມງແລ້້ວ?

päivä

ວັນ

aika

ເວລາ

nyt

ຕອນນີ້

digitaalikello

ໂມງດິຈິຕອລ

minuutti

ນາທີ

tunti

ຊົ່ວໂມງ

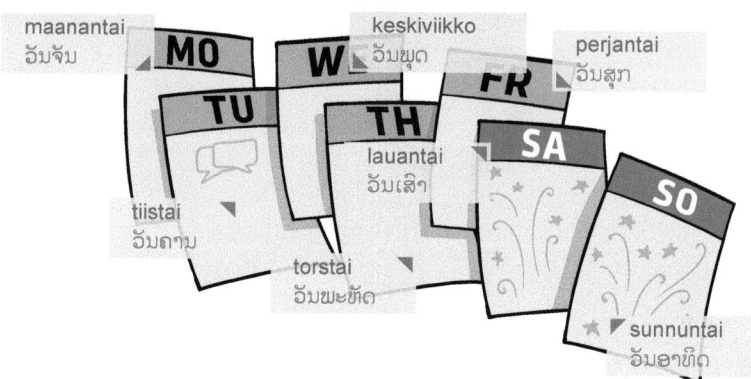

maanantai
ອັນຈັນ

keskiviikko
ອັນພຸດ

perjantai
ອັນສຸກ

tiistai
ອັນຄານ

torstai
ອັນພະຫັດ

lauantai
ອັນເສົາ

sunnuntai
ອັນອາທິດ

eilen
ມື້ວານນີ້

tänään
ມື້ນີ້

huomenna
ມື້ອື່ນ

aamu
ຕອນເຊົ້າ

keskipäivä
ຕອນທ່ຽງ

ilta
ຕອນແລງ

MO	TU	WE	TH	FR	SA	SU
1	2	3	4	5	6	7
8	9	10	11	12	13	14
15	16	17	18	19	20	21
22	23	24	25	26	27	28
29	30	31	1	2	3	4

työpäivät
ວັນເຮັດວຽກ

MO	TU	WE	TH	FR	SA	SU
1	2	3	4	5	6	7
8	9	10	11	12	13	14
15	16	17	18	19	20	21
22	23	24	25	26	27	28
29	30	31	1	2	3	4

viikonloppu
ທ້າຍສັບປະດາ

vuosi
ປີ

sade
ຝົນຕົກ
sateenkaari
ຮຸ້ງກິນນ້ຳ
tuuli
ລົມ
lumi
ຫິມະ
kevät
ລະດູໃບໄມ້ປົ່ງ
kesä
ລະດູຮ້ອນ
syksy
ລະດູໃບໄມ້ຫຼົ່ນ
talvi
ລະດູໜາວ

4.APRIL 11°
5.APRIL 4°
6.APRIL 13°
7.APRIL 8°
8.APRIL 10°

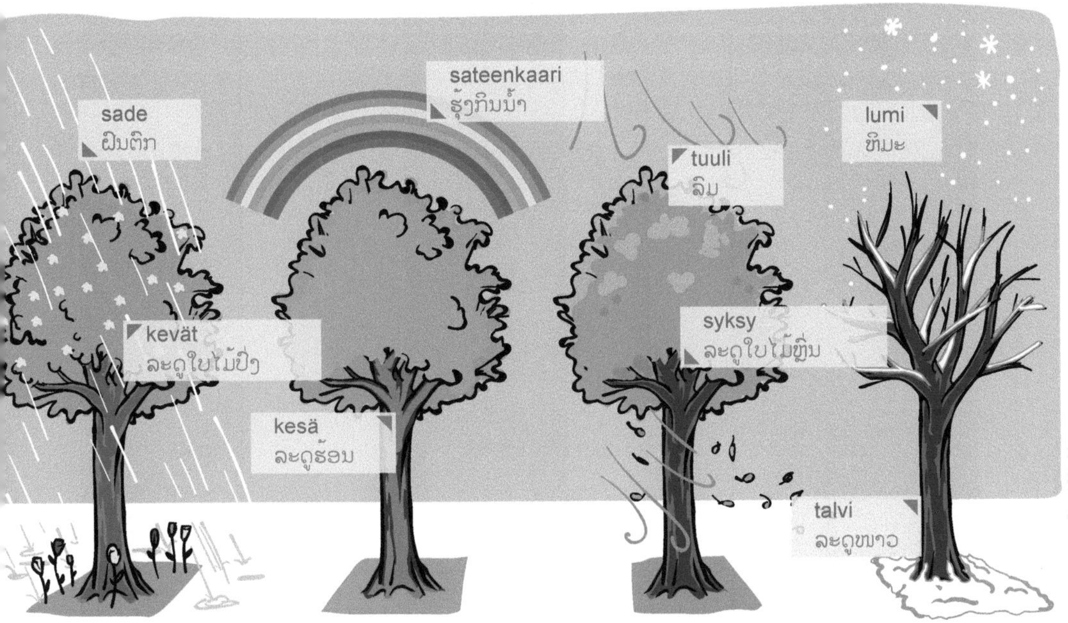

sääennuste

ການພະຍາກອນອາກາດ

F
C
120
90
60
30
0
-30
40
30
20
10
0
-10
-20

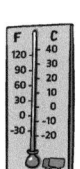

lämpömittari

ເຄື່ອງວັດອຸນຫະພູມ

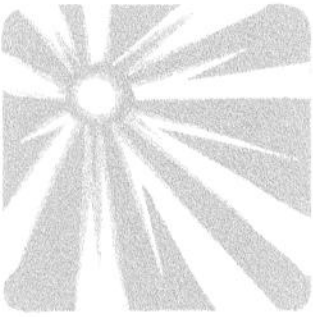

auringonpaiste

ແສງແດດ

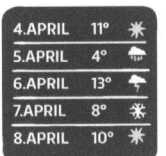

pilvi

ຂີ້ເຝື້ອ

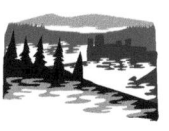

sumu

ໝອກ

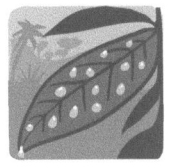

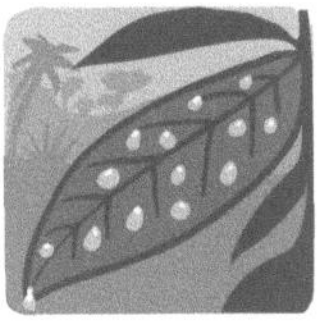

ilmankosteus

ຄວາມຊຸ່ມ

salama

ສາຍຟ້າແມບ

ukkonen

ຟ້າຮ້ອງ

myrsky

ພະຍຸ

rae

ໝາກເຫັບ

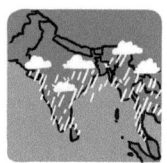

monsuuni

ລົມມໍລະສຸມ

tulva

ນ້ຳຖ້ວມ

jää

ນ້ຳກ້ອນ

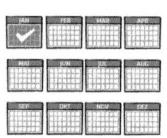

tammikuu

ມັງກອນ

helmikuu

ກຸມພາ

maaliskuu

ມີນາ

huhtikuu

ເມສາ

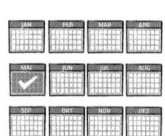

toukokuu

ພຶດສະພາ

kesäkuu

ມິຖຸນາ

heinäkuu

ກໍລະກົດ

elokuu

ສິງຫາ

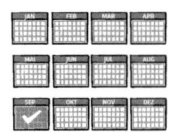

syyskuu

ກັນຍາ

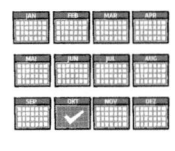

lokakuu

ຕຸລາ

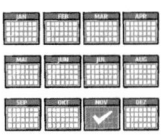

marraskuu

ພະຈິກ

joulukuu

ທັນວາ

muodot

ຮູບຮ່າງ

ympyrä

ວົງມົນ

neliö

ສີ່ຫຼ່ຽມ

suorakulmio

ຮູບສີ່ຫຼ່ຽມມຸມສາກ

kolmio

ສາມຫຼ່ຽມ

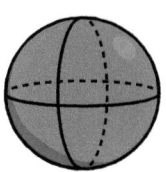

pallo

ໜ່ວຍກົມ

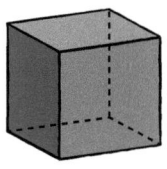

kuutio

ຮູບສີ່ຫຼ່ຽມມິນທິນ

valkoinen

ສີຂາວ

keltainen

ສີເຫຼືອງ

oranssi

ສີສົ້ມ

vaaleanpunainen

ສີບົວ

punainen

ສີແດງ

violetti

ສີມ່ວງ

sininen

ສີຟ້າ

vihreä

ສີຂຽວ

ruskea

ສີນ້ຳຕານ

harmaa

ສີເທົາ

musta

ສີດຳ

paljon / vähän

ຫຼາຍ / ນ້ອຍ

vihainen / ystävällinen

ໃຈຮ້າຍ / ໃຈເຢັນ

kaunis / ruma

ງາມ / ຂີ້ຮ້າຍ

alku / loppu

ການເລີ່ມຕົ້ນ / ການສິ້ນສຸດ

suuri / pieni

ໃຫຍ່ / ນ້ອຍ

vaalea / tumma

ແຈ້ງ / ມືດ

veli / sisko

ນ້ອງຊາຍຫຼືອ້າຍ /
ນ້ອງສາວຫຼືເອື້ອຍ

puhdas / likainen

ສະອາດ / ເປື້ອນ

täydellinen / epätäydellinen

ສຳເລັດ / ບໍ່ສຳເລັດ

päivä / yö

ກາງວັນ / ກາງຄືນ

kuollut / elävä

ຕາຍ / ມີຊີວິດ

leveä / kapea

ກວ້າງ / ແຄບ

syötävä / syömäkelvoton

ກິນໄດ້ / ກິນບໍ່ໄດ້

paha / kiltti

ຂີ້ຮ້າຍ / ໃຈດີ

innostunut / tylsistynyt

ຕື່ນເຕັ້ນ / ໜ້າເບື່ອ

lihava / laiha

ອ້ວນ / ຈ່ອຍ

ensimmäinen / viimeinen

ທໍາອິດ / ສຸດທ້າຍ

ystävä / vihollinen

ເພື່ອນ / ສັດຕູ

täysi / tyhjä

ເຕັມ / ອ່າງເປົ່າ

kova / pehmeä

ແຂງ / ນຸ້ມ

painava / kevyt

ໜັກ / ເບົາ

nälkä / jano

ຄວາມຫິວ / ຄວາມຫິວນ້ຳ

sairas / terve

ໄຂ້ / ສຸຂະພາບດີ

laiton / laillinen

ຜິດກົດໝາຍ / ຖືກກົດໝາຍ

älykäs / tyhmä

ສະຫຼາດ / ໂງ່

vasen / oikea

ຊ້າຍ / ຂວາ

lähellä / kaukana

ໃກ້ / ໄກ

uusi / käytetty

ໃໝ່ / ໃຊ້ແລ້ວ

ei mitään / jotain

ບໍ່ມີຫຍັງ / ບາງສິ່ງບາງຢ່າງ

vanha / nuori

ແກ່ / ໜຸ່ມ

päällä / pois päältä

ເປີດ / ປິດ

auki / kiinni

ເປີດ / ປິດ

hiljainen / äänekäs

ງຽບ / ດັງ

rikas / köyhä

ຮັ່ງມີ / ຍາກຈົນ

oikein / väärin

ຖືກ / ຜິດ

karhea / sileä

ບໍ່ລຽບ / ລຽບ

surullinen / iloinen

ໂສກເສົ້າ / ດີໃຈ

lyhyt / pitkä

ສັ້ນ / ຍາວ

hidas / nopea

ຊ້າ / ໄວ

märkä / kuiva

ປຽກ / ແຫ້ງ

lämmin / viileä

ອົບອຸ່ນ / ໜາວເຢັນ

sota / rauha

ສົງຄາມ / ສັນຕິພາບ

0

nolla

ສູນ

1

yksi

ໜຶ່ງ

2

kaksi

ສອງ

3

kolme

ສາມ

4

neljä

ສີ່

5

viisi

ຫ້າ

6

kuusi

ຫົກ

7

seitsemän

ເຈັດ

8

kahdeksan

ແປດ

9

yhdeksän

ເກົ້າ

10

kymmenen

ສິບ

11

yksitoista

ສິບເອັດ

12

kaksitoista

ສິບສອງ

13

kolmetoista

ສິບສາມ

14

neljätoista

ສິບສີ່

15

viisitoista

ສິບຫ້າ

16

kuusitoista

ສິບຫົກ

17

seitsemäntoista

ສິບເຈັດ

18

kahdeksantoista

ສິບແປດ

19

yhdeksäntoista

ສິບເກົ້າ

20

kaksikymmentä

ຊາວ

100

sata

ໜຶ່ງຮ້ອຍ

1.000

tuhat

ໜຶ່ງພັນ

1.000.000

miljoona

ໜຶ່ງລ້ານ

englanti

ພາສາອັງກິດ

amerikanenglanti

ພາສາອັງກິດແບບອາເມລິກັນ

mandariinikiina

ພາສາຈິນແມນດາຣິນ

hindi

ພາສາຮິນດີ

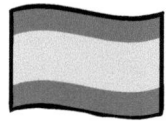

espanja

ພາສາສະເປນ

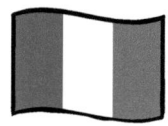

ranska

ພາສາຝຣັ່ງເສດ

arabia

ພາສາອາຣັບ

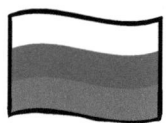

venäjä

ພາສາຣັດເຊຍ

portugali

ພາສາປ໋ອກຕຸຍການ

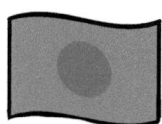

bengali

ພາສາແບງກາອນ

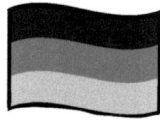

saksa

ພາສາເຍຍລະມັນ

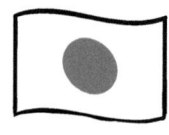

japani

ພາສາຍີ່ປຸ່ນ

minä

ຂ້ອຍ

sinä

ເຈົ້າ

hän

ລາວ (ຜູ້ຊາຍ) / ລາວ (ຜູ້ຍິງ) / ມັນ

me

ພວກເຮົາ

te

ພວກເຈົ້າ

he

ພວກເຮົາ

kuka?

ໃຜ?

mitä / mikä?

ແມ່ນຫຍັງ?

miten?

ແນວໃດ?

missä?

ຢູ່ໃສ?

milloin?

ເມື່ອໃດ?

nimi

ຊື່

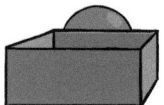

takana

ຢູ່ທາງຫຼັງ

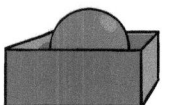

sisällä

ໃນ

edessä

ຢູ່ທາງໜ້າ

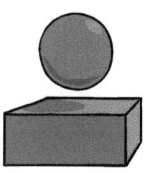

yläpuolella

ເໜືອກວ່າ

päällä

ຢູ່ເທິງ

alapuolella

ຢູ່ກ້ອງ

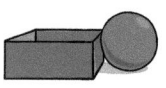

vieressä

ທາງຂ້າງ

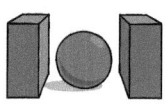

välissä

ຢູ່ລະຫວ່າງ

paikka

ສະຖານທີ່